CB045411

Viajando o Sertão

LUÍS DA CÂMARA CASCUDO

Viajando o Sertão

São Paulo
2009

global
EDITORA

© Anna Maria Cascudo Barreto e Fernando Luís da Câmara Cascudo, 2005
1ª Edição, Imprensa Oficial, 1934
2ª Edição, Gráfica Manimbu, 1975
3ªEdição, Fundação José Augusto, 1984
4ªEdição, Global Editora, São Paulo 2009

Diretor Editorial
JEFFERSON L. ALVES

Gerente de Produção
FLÁVIO SAMUEL

Coordenadora Editorial
DIDA BESSANA

Assistentes Editoriais
ALESSANDRA BIRAL
JOÃO REYNALDO DE PAIVA

Revisão
MARIA REGINA MACHADO

Foto de capa
ADRIANO GAMBARINI/OLHAR IMAGEM

Capa
REVERSON R. DINIZ

Editoração Eletrônica
ANTONIO SILVIO LOPES

Dados Internacionais de Catalogação na Publicação (CIP)
(Câmara Brasileira do Livro, SP, Brasil)

Cascudo, Luís da Câmara, 1898-1986.
   Viajando o sertão / Luís da Câmara Cascudo. – 4. ed. – São Paulo : Global, 2009.

   ISBN 978-85-260-1080-2

   1. Rio Grande do Norte – Descrições e viagens 2. Sertanejos – Usos e costumes I. Título.

09-08352   CDD-918.132

Índices para catálogo sistemático:
1. Rio Grande do Norte : Descrição e viagens   918.132

Direitos Reservados

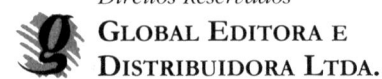

GLOBAL EDITORA E DISTRIBUIDORA LTDA.
Rua Pirapitingui, 111 – Liberdade
CEP 01508-020 – São Paulo – SP
Tel.: (11) 3277-7999 – Fax: (11) 3277-8141
e-mail: global@globaleditora.com.br
www.globaleditora.com.br

Obra atualizada conforme o
Novo Acordo Ortográfico da Língua Portuguesa

Colabore com a produção científica e cultural.
Proibida a reprodução total ou parcial desta obra
sem a autorização do editor.

Nº de Catálogo: **2733**

Aos drs.
Mário Câmara
Anfilóquio Câmara
Antônio Soares Júnior
Alcides Franco
Oscar Guedes

Em lembrança da nossa jornada
de maio ao sertão de inverno.

L. da C. C.

Nota

Este livro de Luís da Câmara Cascudo deve ser visto sob dois aspectos: o cultural e o político.

Quanto ao primeiro, trata-se de uma reportagem, misto de crônica e de ensaio, em que o autor aborda os mais palpitantes temas da vida sertaneja, filiando-se, assim, à grande corrente de pensamento liderada no plano nacional por Euclides da Cunha, Afonso Arinos, J. Simões Lopes Neto, Hugo de Carvalho Ramos, Gustavo Barroso, José Américo de Almeida, Rachel de Queiroz, João Guimarães Rosa, além de outros, e, na província, por Francisco Otílio Álvares da Silva, Felipe Guerra, Elói de Souza, Policarpo Feitosa (Antônio de Souza), Juvenal Lamartine e Afonso Bezerra.

Em 1861, o presidente Pedro Leão Veloso fizera idêntica excursão ao interior da província, levando em sua comitiva o historiador Manoel Ferreira Nobre e o poeta e jornalista Francisco Otílio Álvares da Silva, autor da primeira reportagem escrita e conhecida sobre o sertão do Rio Grande do Norte, na segunda metade do século XIX.

Quase cem anos depois, em 1934, o fato se repete, na gestão do interventor Mário Câmara, que, em viagem de observação pelo interior, leva em sua companhia técnicos em educação, agricultura e açudagem, além de um escritor de renome capaz de ver com olhos voltados para o futuro os grandes problemas artísticos e culturais do estado.

Quem seria esse escritor?

Seria um político, engajado a uma das duas maiores correntes políticas do estado, disputando naquela hora as preferências do eleitorado norte-rio-grandense?

Não.

Seria um candidato, em potencial, a cargo legislativo ou executivo? Também não.

Tratava-se, tão somente, de um professor catedrático do Ateneu Norte-Rio-grandense, de um escritor com vários livros publicados, de um homem de cultura e pensamento, exclusivamente voltado para os problemas culturais e artísticos da sua terra e do seu povo.

Chefe provincial do Integralismo, na ocasião, estaria naturalmente indicado, pela sua posição de equidistância dos grupos em litígio, para exercer um papel de ação moderadora e construtiva no sentido do bem comum e da paz social.

Faltava-lhe, porém, o suporte de um grande partido político, que não era nem chegou a ser o Integralismo na província.

Sua posição de escritor "não engajado" na política partidária, jungido à sua "torre de marfim", em vez de levá-lo a operar esse milagre humanamente impossível naquele momento, teve efeito contrário, não "agradando", concomitantemente, nem à ala revolucionária do Integralismo na Província, nem ao grupo político que tinha por chefe natural o deputado José Augusto Bezerra de Medeiros.

Este político apeado do poder pela Revolução de 1930, julgando-se herdeiro natural do político do Seridó, não poderia admitir que, em um regime de direito e franquias legais, lhe escapassem das mãos as rédeas e a liderança da política do estado.

E assim procedeu, representando contra o interventor Mário Câmara perante o presidente do Superior Tribunal Eleitoral, envolvendo nessa representação o nome do chefe provincial do Integralismo, que, segundo o postulante, além de receber "pagamento de quatro contos e tantos mil--réis" do governo do estado, "desde logo se transforma em orador das caravanas interventoriais".

O chefe integralista aparou a luva atirada pelo astuto político "populista" e respondeu com o artigo "Suborno", cuja transcrição se impõe:

SUBORNO...

Luís da Câmara Cascudo

Chefe provincial da A. I. B. do Rio Grande do Norte.

Na representação que o dr. José Augusto levou ao presidente do Superior Tribunal Eleitoral, em data de 26 de agosto p. p., no item "Suborno", leio:

"– Pagamento de quatro contos e tantos mil-réis a um chefe integralista que desde logo se transforma em orador das caravanas interventoriais".

Professor de História do Brasil e diretor do Ateneu Norte-Rio-grandense, recebi meus vencimentos em janeiro de 1930, negociando com o Banco do Rio Grande do Norte meus honorários de fevereiro a junho, apenas a terça parte, isto é, 166$000 mensais, num total de 1.130$000.

Tudo o mais deixei de receber até outubro de 1930. Ficara no Tesouro do Estado, além dos dois terços de meus vencimentos de professor, a gratificação mensal que percebem os diretores do Ateneu e substituição de cadeiras durante impedimentos dos titulares.

Como todos os funcionários estaduais haviam requerido e recebido seus honorários, requeri o pagamento do que me era legal e insofismavelmente devido. O interventor federal não se achava no estado, tendo o secretário-geral enviado meu requerimento para a informação do Tesouro e, de posse desta, inteiramente favorável, submeteu minha pretensão ao Conselho Consultivo, que distribuiu o respectivo processo ao cel. Colares Moreira. Em parecer minucioso e detalhado, o relator opinou pelo pagamento do que me era devido, e o Conselho Consultivo, por unanimidade, votou a autorização.

A Interventoria abriu o crédito necessário para saldar o débito do estado para comigo, seu credor.

Decreto n. 613 – de 27 de abril de 1934.

Abre crédito especial de 4.948$110 para pagamento ao bacharel Luís da Câmara Cascudo.

O interventor federal no Rio Grande do Norte, usando de suas atribuições; atendendo ao que requereu o bacharel Luís da Câmara Cascudo, e tendo em vista o parecer do Conselho Consultivo e a informação do Departamento da Fazenda,

DECRETA:

Art. 1º – Fica aberto o crédito especial da importância de 4.948$110 (quatro contos, novecentos e quarenta e oito mil cento e dez réis) para atender ao pagamento a que tem direito o bacharel Luís da Câmara Cascudo, lente do Ateneu Norte--Rio-grandense, de vencimentos e gratificações que deixou de receber no exercício de 1930, como diretor desse estabelecimento e por substituições em diversas cadeiras durante o impedimento dos respectivos titulares.

Art. 2º – Revogam-se as disposições em contrário.

Palácio do Governo do Estado do Rio Grande do Norte, em Natal, 27 de abril de 1934 – 46º da República.

MÁRIO LEOPOLDO PEREIRA DA CÂMARA

Antônio José de Melo e Souza
É este o "suborno..."
Por convite do sr. interventor e do diretor do

Departamento de Educação, tenho visitado o Sertão e assistido a inaugurações de quinze prédios escolares. Tenho feito vários discursos em presença de chefes locais do Partido Popular e Povo, e desafio, de maneira formal, que qualquer um desses senhores afirme, sob sua assinatura, que me ouviu abordar qualquer tema que se referisse ao momento político atual. Se o tivesse feito, assumiria absolutamente toda e completa responsabilidade.

Chefe provincial integralista, miliciano convicto, considero os partidos políticos meras fórmulas desacreditadas e incapazes de uma renovação social. Não pertenço a nenhuma agremiação partidária e mantenho relações íntimas com vários próceres que não ignoram a retidão de minha atitude, assumida publicamente a 14 de julho de 1933.

Aos "camisas-verdes" de minha província não dou explicação, porque eles me conhecem de perto. Aos políticos é desnecessária qualquer justificação em contrário às suas afirmativas, porque "política é isso mesmo" (Ver *A República*, de 4/9/1934).

Este artigo, é claro que ficou sem resposta, pelo tom seguro e incisivo com que foi escrito.

Mas José Augusto, homem cordial e acessível, sem rancor e sem ódio, resolveu, anos depois, acabar de vez com o "mal-entendido" e procurou Cascudo em sua residência, em companhia de amigos.

Anunciada a visita do político seridoense, este foi entrando e enlaçando o amigo num longo e demorado abraço.

Estava, finalmente, desfeito o "equívoco"...

A experiência mostrou, depois, que, ao perspicaz político do Seridó não faltava autoridade, defendendo a tese da "política para os políticos", enquanto a "torre de marfim" deveria caber aos intelectuais não engajados na política partidária... De tudo isso ficou, porém, o livro *Viajando o Sertão*, extraordinário manancial de conhecimentos, sensibilidade e ternura humana para com as coisas, a gente e a terra norte-rio-grandenses.

Este livro parece ter nascido predestinado a uma grande missão renovadora.

Tratando de vários temas, aparentemente inúteis, pela falta de curiosidade e sensibilidade no momento, Cascudo tocou de raspão no problema do negro, dizendo não ter encontrado, no roteiro de sua viagem, nenhum representante da raça negra, que denotasse a presença do melodermo nos 1.307 quilômetros de terra por onde andou.

Esta afirmação, feita em tese, foi suficiente para que o sr. Otávio Pinto viesse à tona, em artigo assinado em *A República* (13/7/1934), mostrar que havia "Uma aldeia de negros no Seridó", como se aquilo constituísse alguma novidade para o escritor Câmara Cascudo e para aqueles que estudavam com ele o problema do negro no estado.

O mais curioso é que o município de Caicó não figurava no roteiro traçado pelo escritor Câmara Cascudo, tornando-se inócua, senão infantil, a argumentação do seu apressado censor.

Viajando o Sertão é constituído de dezoito capítulos numerados em romano e duas notas sem numeração sobre a Capela de Estremoz e o bandido Colchete, do grupo de Lampião.

Consultando a coleção de *A República*, de 31/5 a 22/7/1934, verifiquei que foram publicados todos os dezoito capítulos do texto naquele jornal, menos as duas notas acima referidas, escritas e publicadas depois na primeira edição do livro.

Os títulos dos capítulos, "Entrada", "Para o Açu", "Temas açuenses, José Leão, fazedor de 'santos'", "Memorial day", correspondentes aos números de I a IV, no texto do jornal, só foram colocados depois, na preparação do livro *Viajando o Sertão*.

A repetição do número XI, no texto do jornal, sob os títulos "Povoações" e "Virgolino Lampião", determinou a numeração errada de todos os capítulos subsequentes, não sendo retificados no texto da primeira edição do livro.

Ficou, assim, *Viajando o Sertão*, apresentando apenas dezessete capítulos no texto da primeira edição, quando, na realidade, tem dezoito capítulos retificados na segunda edição.

O capítulo VI, intitulado "Arte religiosa", no texto do jornal, foi retificado pelo autor para "Igrejas e arte religiosa" no texto da primeira edição do livro.

Na segunda edição acrescenta-se ainda um índice da matéria estudada, inexistente na primeira edição, para melhor orientação do leitor.

Pareceu-me também de interesse bibliográfico a publicação em apêndice, na segunda edição, do artigo "Uma aldeia de negros no Seridó", do escritor Otávio Pinto, por dois motivos: 1º, para mostrar a repercussão que teve no tempo o livro *Viajando o Sertão*; 2º, pela contribuição inegável que trouxe o autor do artigo ao estudo do negro no Rio Grande do Norte.

Quanto ao hidroavião em que o interventor Mário Câmara regressou a Natal com a sua comitiva, no dia 29/5/1934, parece haver equívoco do autor, uma vez que *A República* da mesma data informa ter sido no "horário da Condor", e não da "Panair", como diz o escritor.

Estas são, de modo geral, as notas que poderia acrescentar ao texto do livro do eminente mestre e amigo Luís da Câmara Cascudo, a quem me ligam sentimentos de amizade fraternal e simpatia humana nunca jamais arrefecidos ao longo de muitos anos.

Agradeço, por outro lado, ao escritor Sanderson Negreiros, presidente da Fundação José Augusto, a oportunidade que me dá de falar sobre o mestre de todos nós, abordando um tema que só a amizade e a confiança têm força bastante para superar os equívocos e deixar que só a luz da verdade resplandeça e fulgure no universo de todos nós.

Natal, 5 de julho de 1974.
M. Rodrigues de Melo

Sumário

I	*Entrada*	17
II	*Para o Açu*	19
III	*Temas açuenses, José Leão, fazedor de "santos"*	23
IV	*Memorial day*	27
V	*Os negros*	31
VI	*Igrejas e arte religiosa*	35
VII	*Em defesa da cozinha sertaneja*	39
VIII	*Intelectualidade sertaneja*	43
IX	*Fundamentos da família sertaneja*	47
X	*Lembranças de Patu*	51
XI	*Povoações*	55
XII	*Virgolino Lampião*	59
XIII	*Classicismo sertanejo*	63
XIV	*O sertanejo não conhece o plural*	67
XV	*Música sertaneja*	71
XVI	*Decadência da "cantoria"*	75
XVII	*Carnaúbas*	79
XVIII	*Resumo dos temas*	83
	Nota	89
	Apêndice	91

i

Entrada

Viajamos, da madrugada de 16 à manhã de 29 de maio, 1.307 quilômetros: 837 de automóvel, 40 de auto de linha, 38 de trem, trinta de canoa, dois de rebocador e 360 de hidroavião.

Esse cômputo é a expressão oficial e sisuda, mas não corresponde inteiramente à verdade. Andamos a pé, de cadeirinha, de macaquinho, dentro d'água, na lama, nos massapés, pulando cercas, saltando, de pau em pau, os roçados que a enchente circundara, correndo nos panascos, empurrando o auto, trabalhando de pá, carregando maletas, levando os companheiros no ombro, livrando os xique-xiques, galopando a cavalo, apostando velocidade nas retas areentas, enquanto o Ford empacara, atolado. Devemos somar as variantes, as perdidas, as trilhas feitas na hora, a braço, para que o Ford subisse trepidando as barreiras caídas, esmagando o barro das arrieiras escorregadiças, descendo, brusco, os barrancos inseguros e oscilantes.

Falta anotar a fome, o frio das roupas molhadas, a fadiga das caminhadas, a mania obsequiosa do sertanejo oferecer-nos galinha e macarrão em vez de carne de sol e coalhada. Tudo se compensava, quando chegávamos aos povoados, às vilas e cidades embandeiradas e cheias de povo, assombrado com a ousadia dos "pracianos".

Centenas de vezes prometi registrar o que vira na jornada temerosa ao sertão de inverno, verde e resplendente na vitória pacífica das searas.

Minha curiosidade acendia-se ao contato dos temas prediletos. Os portões dos cemitérios, todos guardando reminiscências do barroco jesuítico, as lápides fúnebres, ingênuas e doces; a lâmpada maravilhosa da Igreja de Pau dos Ferros, pesada e maciça, de prata de Lisboa, trabalhada em estilo rococó, carinhas de anjos e motivos conchiformes, o turíbulo e sacrário, lindos ambos; a capelinha de Nossa Senhora dos Impossíveis, na serra do Lima, com as paredes cobertas de ex-votos, símbolos de fé intrépida e profunda, comovente pela sinceridade do gesto e incrível feiura dos modelos; a chapada do Apodi, viagem inesquecível de beleza fulgurante; a subida de Luiz Gomes, piso de vermelho-gole num tapete infindável de verdura, os riachos fulvos e rumorosos que desciam cantando nas areias, os milharais intermináveis, pendoados de oiro, agitando os guiões ao vento breve, como um exército imóvel e vestido de sinopla; a jornada pelo rio Moçoró, noitinha, numa canoa balouçante, ao palor dum luar hesitante, a corrida de auto dentro da treva até o pirilampejo das luzes de Moçoró, vinte outros assuntos pedem espaço para registro e saudade.

Demais possuímos os episódios de percurso. Foram saborosos de oportunidade, de verve, de imprevisto e comicidade. Soares Júnior, que de médico passou a engenheiro hidráulico; as incríveis aptidões de Oscar Guedes, o sono de Anfilóquio, que o salteava quando o caminho era difícil, singular como sua asma, que só o atacava quando o Ford estalava de força inútil num tremedal; as conferências fiscais do interventor com os administradores e agentes das Mesas de Rendas, além de um bom humor que desafiava enchentes e lameiros; tipos, anedotas, casos, observações, o caso do peru que virou ovelha, a incrível espirituosidade das respostas sertanejas, são dignos de maior demora numa leve e breve série de registros.

Por mim, não escreveria nada. Creio que não interessaria a ninguém saber se gostei ou não das terras que visitei. Mas os pedidos foram muitos e em várias localidades. Acabei prometendo e as promessas, digam lá o que disseram, cumprem-se...

ii
Para o Açu

Até Santa Cruz rodávamos sobre areia úmida e quase em silêncio. Oscar Guedes, inspetor do Serviço de Plantas Têxteis, arriscava ideias sobre campos experimentais. O outro companheiro era Alcides Franco, chefe de serviço, um técnico de renome, com cursos especiais nos Estados Unidos e na Inglaterra, saudoso da vida universitária e contando *story* deliciosas. Anfilóquio, junto ao motorista, só falava para desmentir quem o julgava cochilando. Santa Cruz, amanhecia quando tivemos o café do prefeito Miguel Rocha e uma conversa rápida sobre algodão e escritas municipais. Fiquei abraçando Pinto Júnior, médico com a idade de estudante e um valor que não pode ficar exilado da capital. Novamente corríamos. O Ford ia mal ajeitado, o volante frouxo, derrapando com uma singular abundância de reincidências. Quando chegamos a Cabeço Branco, já o interventor esperava há 40 minutos, em companhia duma vaia teórica do prefeito de Moçoró, doutor Antônio Soares Júnior.

Subíamos a serra em sentido literal. Tão literal quanto minhas frases que não podem e não devem ser tomadas senão na significação gramatical e lógica do vocábulo. Já se fez tradução demasiado libérrima dum final de crônica. A imaginação, quando aliada à *suspicalidade*, é uma orientadora desastrada.

Cerro Corá é uma surpresa. Povoado claro, com instalação elétrica, escola, capela, comércio, residências amplas e com um ar leve e frio que lembra Teresópolis, encantou-nos. Derredor o panorama desdobra-se em perspectivas indefinidas esperando, numa preparação de trama musical, que surja Lohengrin. Só ao longe a barreira das serras azuladas fecha o avanço ao olhar ávido pelos limpos horizontes ilimitados.

Para diante a rodovia piora até desaparecer. Um sopro de coivara requeima. Mas o verde continua anunciando as águas rumorosas que desceram durante dias fartos. Todas as gradações do verde estadeiam doçuras e prometem abundâncias.

O Ford dança no piso irregular. São Romão passa vagaroso como uma amostra de trabalho raciocinado e tranquilo. A usina domina a eminência. Parece uma vila operária, azafamada e trepidante. Mergulhamos sob aponte, calçando o barro lodacento. Nove quilômetros voam, aos pulos, entre relvados e descidas. Duma colina bruscamente aparece Angicos, um Angicos duplicado, espalhando um casario numa área infinitamente maior que há dez anos passados. Prédios novos, estradas, a trilha do caminho de ferro, caminhões pesados de algodão, dizem índices de produção radicada.

O interventor visita o Grupo Escolar. Eu fico olhando as calçadas cheias de povo que afirma a impossibilidade de transpor o rio Açu, transbordante, e seu aliado, o Paraú, de barreira a barreira.

O almoço demora porque Guedes faz conferência sobre a urgência de cada zona ficar com um dado tipo de algodão. Todos discutem. Franco e eu protestamos num bilhete que passamos ao eloquente Guedes. Este silencia. Almoçamos depressa. Entardece. Há uma aragem friorenta que se enrola num arvoredo denso. Os autos calçam a lama que se esparrama, negra e visguenta. Às 16 horas, numa subida, paramos. Embaixo, num declive onde a vegetação é viva e alta, amplo, sonoro, revolto, barrento, carreando árvores, jaibaras, ilhas arrancadas às margens, surdeia o rio Açu.

Na outra riba um grupo acena saudações. Duas canoas oscilam como pêndulos no dorso trêmulo daquela água viva. Anfilóquio pergunta se tenho seguro de vida. Respondo que tenha a vida segura na confiança de Deus. Vinte metros além a linha d'água se espraia, tão volumosa e cantante quanto a do Açu. É o rio Paraú que empatou forças. Nós, da barreira, medíamos a largura com o olho metro. Guedes e Franco falam sobre a estação de Sacramento. Cai um frio e ameaça chuva. As canoas são dois trapézios para ginástica. Apesar de contar algumas coragens, para que não confessar? Estou com medo. Medo de molhar-me que, algumas vezes, é pior que morrer.

III

Temas açuenses, José Leão, Fazedor de "santos"

Açu dá-nos impressões várias. Aqui houve o "fogo de 40", ali falavam os oradores na campanha da Abolição que foi vitoriosa antes da lei de 13 de maio, além apruma-se o mais velho sobrado. As andorinhas passam, inúmeras, povoando o ar de sonoridades pelo frêmito do voo rápido. A praça é deserta sob o palor das lâmpadas. Eu falo de integralismo, toponímia, algodão. O jantar foi delicioso e oportuno. O dr. Ezequiel Fonseca intercalou no cardápio um prato de avoetes assadas. Pareciam perdizes. E houve um doce de palmatória superior às geleias de morango.

Para dormir, sob a proteção solícita do impecável Angelo Pessoa, Franco, Guedes e eu trancamo-nos temendo Anfilóquio, que, na viagem à povoação de Campestre, tivera a singular mania de acordar-nos, às duas horas da madrugada, para mostrar a estrela-d'alva. Temendo outra exibição, barricamo-nos. Mas não havia perigo. Anfilóquio visitara três escolas noturnas e voltara emocionado com a dedicação dos alunos, homens de trabalho, curvados, na meia-luz, sobre os livros pobres. Dera providências imediatas para melhoria de condições e a "trinca" louvara-lhe o ato pedindo em troco que deixasse em paz a estrela-d'alva.

Pela manhã tivemos a linda festa do Colégio de Nossa Senhora das Vitórias. A vitória maior é viverem aquelas freiras ilustres, quase todas nórdicas, num clima ardente como o do Açu. O Colégio é uma maravilha de ordem, disciplina, rendimento educacional e beleza de espírito. Sente-se que ali se trabalha para receber no outro Mundo paga maior.

Não quero citar nomes para livrar-me de esquecer algum. O programa da festa é moderno, com cânticos, danças, ginásticas, declamações melocomentadas a órgão, saudações de conjunto. O interventor não contém uma admiração que está em todos nós. Recebe, com o Anfilóquio, grande protetor do Colégio, ramos de rosas e palmas que não acabam. E o rubro diretor-geral do Departamento de Educação, tremendo de gratidão puríssima, faz discurso ótimo. Não há nada como a emoção. Anfilóquio historia sua vida, alude a fatos, festas que recebera e termina fazendo um apelo à Divina Padroeira do Colégio, pedindo-lhe força e alegria para continuar sem desfalecimento seu programa de realização, talqualmente lhe confiara o interventor. Palmas. Visitas às dependências. O salão de cultura física merece elogios. Levo meus parabéns à madre Cristina Vlastoik, que sorri. Uma linda festa.

Na saída sei que iremos para o Centro Artístico Operário Açuense. Mas o Angelo Pessoa tem um operário para mostrar-me e atravesso os areais da cidade até Capunga onde, numa casa caindo de velha e negra de velhice, mora José Leão, sexagenário, "fazedor de santos".

Esse José Leão, como as andorinhas, são duas fortes impressões do Açu. É o tipo do Imaginário primitivo, sereno, resignado, incompreendido, passando fome, trabalhando sem esperança, sem ambiente, sem auxílio, sem estímulo, insensível e obstinado, artista legítimo, com uma intuição de escultura, um senso decorativo, um tino de moldar as fisionomias que lembra a rudeza elegante e máscula de Memling. José Leão mostra-me dezenas de santos, crucifixos, anjos, ovelhas místicas. Não tem instrumentos. São pedaços de canivetes, troços de puas, restos de enxós, um formão quebrado, cacos de louça, pires bolorentos, quengas de coco seus ferros e *godelets* para a pintura. Longe de ter a monomania da beleza dos santos moldados em gesso e feitos à máquina, iguais e bonitinhos, José Leão grava na imburana plástica rostos humanos, bem semelhantes ao tipo humano, possíveis e naturais. Ninguém lhe compreende a maestria naquela intuição que lá fora o faria rico e aqui o mata à fome. Eu tive nas mãos uma Nossa Senhora do Perpétuo Socorro verdadeiramente maravilhosa. Um São José, um São João Batista, que estão sem preço, pedem uma página de elogio pela firmeza incrível com que aquele velho gravou os traços morais na árvore que lhes deu nascimento e vestiu-os com uma precisão minuciosa e pictórica dum desenhista à Herouard.

O estúdio é fumarento e frio. Andrajoso, triste, com uma melancolia superior e espontânea, o Imaginário recebeu-nos erguendo-se devagar duma rede sem cor. Na mão havia um livro. Não era o *Flos Santorum*. Era a *Retirada da Laguna*. E creio que o símbolo é fiel. Aqui está fazendo sua retirada, sem roupa, sem pão, sem aliados, sem abrigo mas guardando todas as armas do trabalho, as forças da vontade e as bandeiras da fé. José Leão, trabalhador sem reclame, escultor sem escola, artista sem nome saúdo-te em nome dos que trabalham com alma e morrem sem glória.

IV

Memorial day

Rodamos para Paraú, povoação que bati inteira com os pés infantis, há vinte anos. Corríamos em campos suaves, ladeados de vegetação fina e verde. Conversa-se em plantas têxteis, aproveitamento de fibras. Eu penso em Açu. Açu era a cidade literária da província, como Natal era a capital política. Derramou-se a seiva sonora de seus poetas aquecidos naquele cadinho, onde carnaubais agitam o flabelo das palmas jades. Um índice de sua ancinaidade mental é a produção clandestina de sátiras sotádicas. O verso fescenino, licencioso, invariavelmente cômico, é abundantíssimo em Açu e isto, pelas leis de produção literária, prova que já existe uma velhice ilustre na formação espiritual daqueles vates. Van Gennep demonstrou isto. Açu era, literariamente, o mais vivo centro da província até anos da República. Depois as andorinhas poéticas cortaram os ares esbraseados para outros quadrantes. Açu ficou deserta e cheia de recordações de bailes faustosos, palacianos e corteses, onde se dançava o solo inglês envergando casaca e calção de veludo. Lembro-me do velho Lucas Wanderley, orgulhoso do Açu, recordando-lhe o passado. Tempo velho. Agora o caminho não permite um "memorial day" açuense.

Súbito, apertado entre lanços de cercas, estira-se a esteira do pântano. O auto corre, galga os primeiros metros, num impulso rouco, para trepidando, arquejando e fica, vencido, enrolado no manto de visgo e goma cor de ébano. Um a um os autos se detêm. Eu aproveito para pular uma cerca e ir ver um milharal, imenso, todo bonecado, cheirando a São João, prometendo o cardápio sem-par do Nordeste. No lamaçal luta-se cortando mato para estivar o piso falso. Empurra-se. Conversa-se. Finalmente, num bramido de motores enfurecidos, os autos arrancam, atirando lama e folhas pelo ar. Passam. Eu ando a pé e vou retomar meu lugar adiante. A um dos caboclos que ajudaram a desvencilhar os carros, perguntei o nome do local. Tenho uma resposta que é uma ironia:

– Isto aqui é o "corredor da Fortuna"!...

A festa de Paraú é para mim um sopro que vem de longe, de quatro lustros. Vários homens eram meninos do meu tempo de irresponsabilidade jurídica. Dona Maroca Veras, Silvestre, Luiz Gondim, meu primo, a fama do meu nascimento em terras de Campo Grande e daí a aclamação para que eu falasse em nome da saudade que o ambiente revigora, tudo reapareceu, subitamente na vida poderosa.

Depois do jantar fico dentro do automóvel parado com Alcides Franco falando sobre integralismo, liberalismo e república democrática. Para mim é um encanto narrar como Plínio Salgado começou com nove rapazes e tem duzentos mil em dois anos, com o silêncio dos jornais e todas as baterias do ridículo assestadas contra ele. Há um baile.

Onde estão as danças do sertão de outrora? A valsa Viana (varsoviana), a mazurca, a polca em que a gente pulava que era um gosto, o xotes, abrindo e fechando, como um leque, a quadrilha estridente sempre errada, com o par marcante chistoso, puxando fogo, dando berros de comando: balancê, trevecê, seu lugar, preparar para o garranchê, segue o quadro, caminho da roça, faz o xis, galope vexado, olha a chuva... Onde pairam estas danças que dancei? Agora é o *fox*, sincopado, arrítmico, disfônico, a marchinha pernambucana escrita nos nervos elétricos dos moços, o choro carioca, lento, dengoso, remorado e sensual. Olho os rapazes e moças que passam, muito sérios, ciosos do ritmo, com uma naturalidade de quem não conhece outro gênero de suar com música. O melhor para mim é sair. Saio para a treva que a lâmpada elétrica do Franco põe listrões lindos e efêmeros.

Vamos dormir. O lampeão a álcool é demasiado luminoso. Ninguém fecha os olhos com semelhante clarão. Antonio Soares é chamado para obstrar a insônia. Mira a lâmpada, examina-a, analisa-a, roda para lá e para cá, trepa a uma cadeira, passa uma revista nos botões e fios, toma atitude e puxa uma corrente. A luz ficou mais forte...

V

Os negros

Uma surpresa no Sertão é o quase desaparecimento do Negro. Raros os negros-fulos e ainda mais o retinto. Este, não o vi nos 1.307 quilômetros viajados. Assimilado nos cruzamentos, o Negro não viverá dois decênios em massa que mereça saliência. Regiões inteiras corremos sem um herdeiro dos velhos trabalhadores escravos. A lenda da "mestiçagem nordestina" está pedindo uma verificação para desmentido completo. Nós tivemos sempre uma porcentagem negra inferior aos outros elementos étnicos. Em 1890, por exemplo, tínhamos 44,12 de brancos para 8,93 de negros. É expressivo. A proporção do mestiço era grande, 37,51, mas denunciava a absorção do melanodermo. Mas se vê que a preponderância é branca e esta decidirá o pigmento do produto. Por uma lei de Mendel é perfeitamente possível uma avó negra para um neto branco. Demais, como notou Roquete Pinto, a ligação já se fez entre o branco e a mulata mestiça, clareando o rebento.

Mas, para nós do Rio Grande do Norte, ainda há outra explicação histórica. Nunca tivemos vasta escravaria. Em setembro de 1848 um nosso deputado geral, Cassimiro José de Morais Sarmento, afirmava na Câmara que "no Rio Grande do Norte há poucos, e quase toda a agricultura é feita por braços livres". Cita casos em que senhores de engenho empregam de cinco a seis escravos para quarenta e cinquenta trabalhadores livres. Mas esses trabalhadores já eram mestiços.

Sei eu que posteriormente, na época das altas do açúcar, o escravo cresceu entre nós. Mas não se fixou no Sertão. Ficou nos vales açucareiros, Goianinha, Canguaretama, Mipibu e Ceará-Mirim. Mesmo assim o nível não era demasiado escuro. O açúcar obrigava a multiplicação dos braços. Em 1854 exportávamos 80.749 arrobas. Em 1859, com 156 engenhos funcionando, pulávamos para 350 mil. Um salto de 200 mil arrobas em cinco anos. Ainda assim a escravaria não acompanha o voo ascendente. Em 1855 ia a 20.244. Quinze anos depois chegava apenas a 24.426 em toda província. O aumento de 4.182 negros, em três lustros, mostra o pouco valor comercial das "peças de ébano". Justamente neste tempo abre-se a Guerra de Secessão norte-americana e o algodão recebe o cetro que pertencia ao açúcar. Em 1860 valia a arroba de algodão 15$ e, seis anos depois, trazíamos uma safra de 140 mil arrobas.

Em resumo, nós não tínhamos, em escala progressiva, as indústrias que justificavam a vasta escravaria. Não tínhamos minas nem algodoais que pedissem levas e levas humanas. Mesmo o açúcar influía pouco. A massa negra adensava-se nos vales. O Sertão, com a seca de 1877, despojou-se dos escravos que possuía, indo-os vender em Moçoró. O espetáculo do mercado de carne cristã revoltou os moçoroenses.

Para o Sertão ficou o escravo de confiança, o negro fiel, companheiro de trabalho. Ficou também a mãe-negra, mãe de leite, contadeira de história de Trancoso e responsável pelo "pavor cósmico" de que falava Graça Aranha.

A explicação maior da ausência de negros nas terras sertanejas, ausência ou carência, é o fato de o Sertão manter a tradição da gadaria, a criação dos currais de gado, origem de sua força, destreza e agilidade. A fazenda foi sempre uma fixadora de povoação e muitas cidades nossas surgiram dos antigos "limpos" onde estadeava a casa-grande do fazendeiro. Currais Novos, Caicó, Luís Gomes, Angicos, Lages, Acari foram fazendas de criar. É o maior contigente para o povoamento do "hinterland" potiguar. O negro não era tão preciso num cavalo quanto era dentro dum canavial ou apanhando a baga de café nas terras roxas.

Num trabalho, que publiquei na *Revista Nova* (São Paulo, 15 de março de 1931, nº 1) estudei a "A escravaria na evolução econômica do Rio Grande do Norte". Cito para que não se julgue de ter eu só agora atinado com o coeficiente branco como dominante no Rio Grande do Norte.

Batendo tantos municípios, em companhia do interventor, por isto mesmo, esperava eu que a visita atraísse todos os elementos sociais e desse margem a uma observação que seria impossível noutras condições. Via eu grandes massas populares assistindo a festas ou mirando curiosamente o governante do estado. O elemento negro só se destacava por sua insignificância. Na região do Seridó a proporção dos leucodermos é decisiva como na chapada do Apodi, depois de Luís Gomes, Portalegre e São Miguel, terras altas, julgadas não propícias, como "zonas de conforto", para o preto. O irmão Negro desaparece...

VI
Igrejas e arte religiosa

Era natural que a fisionomia arquitetural mais típica das cidades e vilas fosse a sua igreja. Mas tal não se dá. A mania da remodelação, para pior, ataca os nervos de muita gente bem-intencionada. Creio firmemente que, na futura reforma dos seminários brasileiros, reforma com as luzes dum dom Xavier de Matos, seria indispensável a cadeira de Arte Religiosa Brasileira para ensinar aos nossos párocos um mais profundo amor pelos monumentos legados pelas gerações desaparecidas. Sirva de exemplo o altar da Igreja de Serra Negra, em madeira talhada, simples e emocionante prova de fé, quebrado, inutilizado, destruído, para ser substituído por um altar de tijolo ou cimento, sem significação e história. Apenas Nestor Lima salientou este fato. Para o resto da humanidade passou despercebido. A Igreja de Extremoz era outro edifício maravilhoso de expressão antiga, com sua cimalha sóbria, a imposta ornamental, as tochas primitivas, dizendo o esforço dos velhos jesuítas que a ergueram, há três séculos, na povoação indígena. Foi abaixo, abandonada e, em seu lugar, fizeram uma caixa chata e sem rosto. Esta mesmo já caiu e existe uma terceira frontaria.

Durante o século XIX quase todas as igrejas foram "remodeladas", raspados seus frontispícios venerandos, riscadas em sua fisionomia própria e cobertas de cal e enfeites, de acordo com a inteligência do tempo. Ninguém lembrou a necessidade de conservar a fachada tal como estava e fazer adaptações interiores, respeitando os altares quando dignos de mantença. Igreja é prova de fé e esta não se abala. Mesmo assim, com a devastação, ainda possuímos alguns documentos curiosos que atestam a revivência do barroco durante fins do século XVIII e XIX. Basta citar o cemitério da Vila de Arez num barroco floreado e confuso, bem italiano na intuição e bem brasileiro nos modelos. E é de 1882, dirigido por um frade italiano, frei Herculano. A igreja, em compensação, foi "reformada".

De todos os templos que visitei no estado (nos 35 municípios que conheço), quase todos são incaracterísticos e já não podem ser apontados como estilos. São testemunhas de várias tarefas de conserto, onde as mais estranhas mãos desviaram de seu trilho o espírito arquitetural daquelas capelas seculares. A Igreja de Patu é ainda uma capelinha mas sem fisionomia. A de Augusto Severo, severa, pesada, maciça, recorda o românico em sua fase inicial. A de Caraúbas é tipo comum das igrejas "conservadas". É moderna. As de Luís Gomes e Pau dos Ferros guardam traços deliciosos. A primeira é interessante, com suas torres quase quadrangulares e lisas, sem um ornato, nuas e álgidas, dando um aspecto de sisudez hirta. A de Pau dos Ferros é mais imponente, com seu frontão singelo mas equilibrado e sério. A imponência da Igreja de São Sebastião não encontra rivalidades nem com a Matriz de Moçoró. Todas perdem para a nobre simplicidade da capelinha de Nossa Senhora dos Impossíveis, no cimo na Serra do Lima, barroco pobre sem decoração, sem enfeite, sem conchas e golfinhos, com um recorte triste numa frontaria branca e melancólica de ermida colonial. Mas é acolhedora em sua pobreza mística. Sente-se a atmosfera pura das linhas erguidas com o desejo religioso. Vê-se que foi um trabalho feito por promessa e modificado posteriormente sem que a construção perdesse seu ar recatado e humilde de eremitério cenobítico e de pouso de oração silenciosa.

As igrejas outras, Açu, Ceará-Mirim, Moçoró, Caicó, não têm história em suas paredes, vinte vezes alteradas. Tanto podiam estar no

Nordeste brasileiro como na Austrália. Nada têm de nós porque as despojaram de suas heranças de cem anos.

Basta recordar que Natal só possui uma igreja digna de conservação. É a de São Antônio feita em 1766, num barroco jesuítico impressionante e distinto. Vivo tremendo com a ideia de uma "reforma", de uma "melhoria", naquele frontão que viu o amanhecer da cidade.

De objetos de arte religiosa vi no Sertão a lâmpada de Pau dos Ferros e um turíbulo magnífico na mesma igreja. São trabalhados em prata do Porto e, possivelmente, um exame mais detalhado faça descobrir a trema, o P coroado que lhes identificará a procedência. O motivo é o bem brasileiro barroco, o complicado rococó, enramilhetado de desenhos em curvas, anjinhos bochechudos e motivos conchiformes.

Onde podemos ver a sobrevivência do barroco e a justiça dos que o dizem ter sido o verdadeiro estilo religioso brasileiro, é nos portões dos cemitérios que escaparam à fúria modernizadora dos estetas. Desde o de Arez até a nitidez do de Augusto Severo, vamos acompanhando as modificações do gosto e sua deturpação. Em Pau dos Ferros, o portão do cemitério velho ainda mantém as curvas e os arabescos decididamente barrocos.

Um barroco diferenciado mas ainda fiel ao seu pretérito.

Um outro ponto melancólico é a substituição dos santos de madeira pelos santos de gesso e de massa, bonitos e róseos, com uma lindeza extra-humana. Os velhos santos primitivos, feios e leais, cem anos mantendo a fé e a esperança naqueles povoados que se tornaram cidades, ficam relegados a um plano inferior, apeados dos altares, numa *capitis deminutio* injustificável. Assim foi o São Francisco do Canindé em Ceará. Assim o São Sebastião em Caraúbas. Mas aí foram mais piedosos. Deixaram o destronado orago num altar lateral enquanto o novo assumia o posto de honra no altar-mor. O povo, habituado com o primeiro, continua, obstinadamente, a recorrer ao conhecido padroeiro, dando-lhe orações e pagando promessas.

Onde andam os santos de madeira? Devem ser centenas. Não vi nenhum. Lá fora, na Europa, eles dia a dia merecem maiores honras de colecionadores e hagiólogos. Um trabalho de madeira é sempre um esforço pessoal, direto, próprio. Fique feio ou deslumbrante, o caso é que é um produto da inteligência humana, sem o auxílio da máquina polidora. Um trabalho de gesso, cartão ou massa, sempre bonito, é sempre o resultado frio da máquina, produto igual, monótono em sua beleza, sem o calor da mão humana, rude ou apta, mas sincera.

Se os santos de madeira são impróprios para o culto, ao menos conservemo-los como objetos de arte, arte primitiva, tosca, iniciante, mas arte fiel a si mesma.

vii
Em defesa da cozinha sertaneja

A cozinha sertaneja está decadente. Menos por sua própria essência do que pelo indesculpável acanhamento em mostrar-se. O primeiro cuidado de um fazendeiro de Minas Gerais ou São Paulo é provar que come bem e o que come é gostoso. O nosso sertanejo disfarça, esconde, mistifica sua culinária quando tem visitas. Crê ficar desonrado servindo coalhada com carne de sol, costelas de carneiro com pirão de leite, paçoca com bananas, milho cozido, feijão verde, o munguzá que o africano ensinou e a carne moqueada que ele aprendeu com o indígena.

Nada mais antipatriótico e desumano que esta modéstia criminosa. Nós devemos ter orgulho de nossa alimentação tradicional, formadora de rijos homens de outrora, vencedores da indiada, lutando com as onças a facão e morrendo de velhos.

Não sorriam destas afirmativas. O problema da alimentação é participar direto do valor racial. Os romanos diziam que o Império caíra porque o legionário deixara as iguarias seculares, o alho, o azeite, a broa de trigo e a carne meio crua. Com este repasto dominara Ásia e África. Quando, ao contato das delícias do paladar oriental, começou a comer miolos de pavão, língua de rouxinóis, carpas douradas e faisões, desaprendeu o segredo de ser invencível e recuou ante o bárbaro que chegara, uivando de ferocidade, devorando carne de cavalo e bebendo leite de jumenta.

Todos os fisiologistas atendem ao ponto de vista manducatório. Psicólogos tomam a liberdade de explicar a obstinação do picardo, a arrogância do gascão, a teimosia bretã, a calma flamenga, a leveza do parisiense, pelo seu respectivo cibo. Regime de carne dá o inglês. Regime de vegetais dá o "mahatma" Gandi.

Todos os países têm sua maneira peculiar de cozer, assar ou guizar carnes, peixes, moluscos e aves. Hoje, nas cidades como Paris, Londres, Berlim, Roma, Nova York, certos hotéis conservam os cardápios fiéis aos seus países de origem. No Café Inglês come-se o *beef-steck*. No Kornilov, o cabrito assado ao gosto do Cáucaso.

No sertão do Rio Grande do Norte a tendência é seguir o litoral no cosmopolitismo alimentar, quase sempre irracional e péssimo. Os tutanos de "corredor" de boi que, misturados com raspadura, constituíam o mistério das supremas vitalidades masculinas, já não têm apreciadores. Não vi comer farinha com açúcar, sobremesa típica, nem angu de ovos, prato de crianças em idade escolar, superior ao Toddy, ao Quaker Oats.

O sertanejo precisa convencer-se de que deve à sua forma de alimentar-se a justificação de sua resistência física. Não é a comida da praça que o reajustará ao ritmo das possanças antigas. Alexandre Magno só degenerou quando não aceitava a sólida comida da Macedônia.

O milho e o leite constituem bases alimentares de primeira ordem, e tendo a vantagem do sabor e da fácil aquisição. Defendamos a cozinha secular que nos doou músculos serenos e forças gigantescas. Podemos ir melhorando, diminuindo a intensidade rústica de certos pratos históricos, mas não aboli-los do nosso sustento. É um desserviço à nossa nacionalização de cultura escrevermos em brasileiro e comermos à inglesa.

Outrora o sertanejo assombrava-se com uma salada de alface. Polibio, meu primo, quando lhe ofereci uma, recusou, formalizado:

— Sô lá largata prá comê foia?...

Hoje já se come tudo isto. Concedo o peru ao forno, a galinha verde, a salada russa, a "mayonese" de peixe, o macarrão à milanesa.

Vá que se comam estas coisas no Sertão como eu comi patas de rã – para saber até aonde ia o pedantismo alimentar do elegante. Mas relegar os nossos velhos, simples, deliciosos e históricos quitutes, alimentadores dos nossos avós, base de sua energia incrível, a um canto do fogão e dizê-los exilados das mesas e dos paladares, ah! isto, por todos os santos do Céu, protesto, protesto, protesto.

VIII

Intelectualidade sertaneja

Nós sabemos do espírito sertanejo as suas anedotas. Não é apenas pela pilhéria oportuna e justa, que o matuto expressa sua inteligência. É, antes de tudo, por uma atitude de aparente resignação melancólica que nada mais esconde, como nos árabes, que uma força latente e irrefreável de obstinação invencível.

Enquistado durante séculos distanciado do litoral onde se processava a mistura das culturas e a formação mental de cada geração, o sertanejo pôde conservar a *fácies* imperturbável, a sensibilidade própria, o indumento típico, o vocabulário teimoso, como usavam seus maiores. Ainda agora encontramos, deliciados, os traços dessa inteligência mais irradiante que adquisitiva.

Como todos os primitivos, o sertanejo não tem o senso decorativo nem ama sensorialmente a natureza. Seu encanto é pelo trabalho realizado por suas mãos. Nisto reside seu manso orgulho de vencedor da terra.

Só deparamos um sertanejo extasiado ante a natureza quando esta significa para ele a roçaria virente, a vazante florida, o milharal pendoando, o algodoal cheio de capulhos. Árvore por si só nada quer dizer. A oiticica vale pela sombra que dá nos meios-dias de queimada. O verde úmido dos juazeiros lembra sempre forragem fácil e segura. A noção da beleza para ele é a utilidade, o rendimento imediato, pronto e apto a transformar-se em função. A frase irônica de Wilde dizendo que a "arte é perfeitamente inútil" parece ter saído dum comentador sertanejo. Basta ver a ornamentação dos oratórios, os enfeites pintados por um "curioso" local nas fachadas, os frisos dos cemitérios e a cimalha dos frontões das igrejas antigas. É tudo rapidamente sentido e expresso num estilo nervoso e simples, sem subjetivismo, sem mundo interior, sem *quer* dizer coisa alguma além das linhas materiais.

Eis por que os melhores poetas sertanejos, contadores ou poetas literatizados, não cantam nem sentem a natureza que os cerca. Não há um só canto popular descrevendo paisagens. Só lhes interessa, como nas "gestas" francesas e nas "saggas" nórdicas, a ação, o movimento, a luta, o homem. O cunho satírico é tão visível na literatura oral que a podemos calcular como uma das mais ricas do mundo.

Sem nenhuma deformação pela cultura, o sertanejo é mais espontâneo que o "agresteiro", viciado às ironias da cidade por um contato maior. A população do interior guarda, em volume maior, as virtudes da palavra oportuna. Uma frase sertaneja raramente é insultuosa, mas sempre contenta cabalmente.

No riacho do Encanto, município de Pau dos Ferros, o auto demorou algumas horas numa batalha contra a lama. Diversos trabalhadores vieram ajudar. Oscar Guedes, o motorista *ad hoc*, sedento, foi beber a água barrenta que serpeava enrolando o arvoredo sujo pelas enchentes. De lá, do meio do riacho, perguntou se havia febres por ali. Antônio Elias Feitosa, plantador robusto, vivo e forte, respondeu, adivinhando a suspeita, que morriam diariamente quatro e cinco pessoas só por beber água do Encanto. Guedes, compreendendo, respondeu:

– Não há perigo. Eu tenho o corpo fechado!...

O Feitosa, enquanto empurrava conosco o carro atolado, deu o remoque delicioso de imprevisto e comicidade:

– Pois seu doutor, nesta terra, de corpo fechado eu só conheço ovo...

Ao sair, vendo-o mirar o voo dos pássaros, disse-lhe que me parecia um bom atirador. Antônio Elias confirmou.

– E sou mesmo. Atiro com todas as armas e muito bem...

Teve uma pausa e concluiu, impassível:

– Mas não acerto com nenhuma...

Esse Villon matuto é o tipo clássico do jogral que nunca aprendeu chocarrices. Teve-as naturalmente no instinto sarcástico, expressando com uma linguagem ao nível pessoal da sensação.

O erro é a tentativa de criar uma literatura sertaneja nos moldes duma literatura comum. Erro ainda escrever tal qual o sertanejo pronuncia. Uma literatura do Sertão deverá refletir fielmente a sintaxe local e, acima de tudo, a mentalidade ambiente que não é inteiramente a nossa. Verdade é que a rodovia assimilou o Sertão a tal ponto que o está tornando sem fisionomia. Mas ainda teremos uns anos antes que a terra perca seus atributos típicos. Nada de deformação para efeito moral nem a mania de caricaturar o sertanejo, fazendo-o fábrica de anedotas e sua vida um tecido de facécias, tão ao jeito dos atores que "representam" o nosso sertanejo no palco, vestindo-se à maneira do caipira fluminense ou jeca mineiro.

IX
Fundamentos da Família sertaneja

O Sertão foi povoado, dos fins do século XVII para o correr do século XVIII, por gente fisicamente forte e etnicamente superior. Enfrentava os índios quem não tinha medo de morrer nem remorsos de matar. As famílias seguiam o chefe que ia fazer seu "curral" nas terras sabidamente povoadas de paiacus, janduís, panatis, pégas, caicós, nômades atrevidos, jarretando o gado e trucidando os brancos. O gado era o fixador. Era gado vindo da Ilha da Madeira. Os nossos rebanhos tinham se aclimatado nos currais do rio São Francisco. Quinze anos depois da fundação da cidade de Natal, já Diogo de Campos afirmava que a "terra é franca mais para gado e creações que para canaviais e roças". Em 1630 a gadaria é vasta em toda orla atlântica para o sul. A penetração se dá ao longo dos rios, pelas ribeiras, aproveitando as vazantes para a pequena granjearia necessária ao povo da fazenda. Do rio São Francisco comboiavam novilhos e vacas. A guerra dos índios, de 1688 aos princípios do século XVIII, mostra quanto gado possuíamos.

Tivemos, pois, como fundamento da família sertaneja, o homem pastoril, afeito às batalhas do campo, às necessidades das descobertas de novas pastagens. Uma vasta toponímia marca o trabalho antigo. Currais Novos, Pastes Bons, Boi Gordo, Poltros Mortos, Currais, Malhada, Logradouro, Bebedouro, são nomes verdadeiramente retirados da pastorícia. O meio de vida criou o tipo do fazendeiro pomposo do século

XIX que, cem anos antes, era o dominador dos índios, caçando as caboclas à pata de cavalo para os haréns, metendo-se em *raids* extensos pelas matas e serras brutas, sitiando os currais nos lugares mais altos ou abrigados. A casa-grande surgiu como um centro polarizador. A necessidade da defesa imediata contra o índio implacável criou o uso indispensável das armas, o emprego do desforço pessoal, a confiança em seus próprios elementos de defensão, o orgulho das pontarias seguras e das armas brancas, manejadas agilmente.

Um mundo de agregados, uma pequena indústria caseira de fiação substituíam a feira longínqua que a insegurança dos caminhos afastava da assiduidade. A figura do fazendeiro, como o conhecemos depois, era uma deformação do seu ascendente, tão vaqueiro como seus "camaradas", indo dar campo ao lado dos escravos de confiança, na identidade dos processos de trabalho e risco. O páter-famílias surgiu espontaneamente, como apareceria o "chefe", da própria função social e econômica, sendo o mais bem aparelhado para resistir, auxiliar e vencer.

Esses resultados dizem de que sangue valoroso saíra o sertanejo primitivo. Mestiço não coloniza nem mantém ação ininterrupta. É impulsivo, inteligente, apreendedor, mas dispersivo, arrebatado, original. Impossível, sem uma energia em linha reta, sem desfalecimento e solução de continuidade, semear as fazendas em todo interior do Rio Grande do Norte, num cenário hostil, desde a natureza até o aborígine.

Os troncos seculares que foram replantados de Portugal pertenciam aos "homens-bons" ou à fidalguia das ilhas, agricultores e criadores de São Miguel, Terceira e Faial. Os Soares, Araújo, Bezerra, Medeiro, Raposo da Câmara, Pimenta, Fernandes, Queirós, Ferreira de Melo, Vieira, Cunha Nogueira, vinte outros nomes, vinham com a certeza do combate áspero contra o selvagem, contra a natureza sem adaptação às exigências do homem europeu contra maneiras de alimentação, indumento, viagem, o próprio passo com que se habituara no Minho, Trás os Montes ou Algarves. Eis por que diferenciamos o sertanejo etnicamente. Ele ficou, séculos, quase sem misturar-se. Casando nas famílias aparentadas. Ainda hoje vemos os Gondim, Queirós, Fernandes Pimenta, Fernandes, manter um quase tipo, uma pigmentação constante, a cor dos olhos, o formato da face, denunciadores da pureza do veio comum e antigo.

Essas famílias tradicionais que dominam regiões inteiras, distribuindo ordens com a naturalidade feudal, fazendo justiça clandestina, olhando seus rendeiros e moradores como membros da gens, elementos a que devem obedecer e ser protegidos, são herdeiras diretas dos povoadores, vitoriosos do índio, da seca, das feras e da solidão, plantadores de fazendas nos araxás das serras, nas lombadas suaves dos serrotes, nos limpos, nas várzeas e tabuleiros, núcleos de irradiação civilizadora e contínua.

X
Lembranças de Patu

Quando rodávamos para a vila do Patu ia eu lembrando Jesuíno Brilhante, o cangaceiro gentil-homem, admirado e senhorial como um Robin Hood. Branco e de família conhecida, emaranhou-se nas tricas locais e acabou chefiando bandos e morando numa casa de pedra, no cimo da serra, onde me indicaram a trilha sinuosa e clara.

> – Lá mataram Jesuíno,
> Acabou-se o valentão,
> Morreu no campo da honra
> Sem se entregar à prisão!

O individualismo em que foi criado o homem sertanejo, o uso das armas, facilidade de ação pessoal em vez da justiça, ambiente de luta, a literatura oral que só ilustra os feitos valorosos dos valentes Vilela, Guabiraba, Adolfo Velho Rosa Meia Noite, haloou Jesuíno Brilhante de glória. Falam com respeito de sua coragem e dos atos de generosidades. Entregar-se à prisão seria o supremo opróbrio. Daí a cantoria popular honrar-se com a morte do guerreiro sem Rei e sem Roque que sucumbe com as armas na mão. A posse das armas era tão característica da liberdade individual que lembra a humilhação do índio tupi quando perdia o tacape.

Em Patu a serra impressiona. É duma imponência selvagem, meio desnuda, silenciosa, como guardando mistérios de lutas e de tesouros escondidos. O eco repercute a voz humana como multiplicando-a num megafone natural e enorme. *Ipa-tu*, por *Iba-tu*, possivelmente seria seu nome indígena, a serra sonora, bem próprio topônimo para os mistérios da ressonância.

Fomos ao pé da serra do Lima e daí a cavalo visitar a capelinha. Uns dois quilômetros em curvas, pedindo uma cremalheira para um trem de montanha. No cimo as paisagens desviam o pensamento para uma contemplação sem pausa. As serras próximas, os vales nodoados de garoa, a pradaria intérmina e verde, a mancha leve dos povoados longíquos absorvem o tempo.

A capelinha, num rococó de simplicidade extrema e acolhedora, tem as paredes cobertas de ex-votos. O padre Francisco Scholz diz-me que retira, vez por outra, algumas dezenas pela impossibilidade de o lugar comportar as novas testemunhas da intercessão. A maioria dos ex-votos denuncia chagas, feridas, esfoladuras que a poeira tornou purulentas. O número dos aleijados é menor. Não vi casos de cegueira. A abundância de ex-votos, de forma hemiesferoidal, chamou-me a atenção. É a falta de leite nas pobres mães sertanejas que explica a promessa. Aqueles pedaços informes de madeira são as mais comoventes e doces representações do amor materno pela saúde insegura da prole. Ah! senhores doutrinadores do *birth control*, tantos argumentos encontrareis na humilde dedicação das mães sertanejas contra a vossa teoria...

Na ampla e alpendrada "residência", o padre Scholz conta alguns pormenores. Nossa Senhora dos Impossíveis é uma das devoções mais antigas e poderosas no Sertão. Incontáveis romarias atravessam a serra para levar os tributos da Fé ao "vulto" ingênuo da santa.

Antônio de Lima Álvares Pereira, primeiro morador na Serra do Lima, fundou, por promessa, a capelinha, dando meia-légua para a construção e patrimônio, em 1758. O "vulto" primitivo fora "trocado" por este Antônio de Lima que morreu sem filhos. Um rapaz, criado por ele e seu herdeiro, Manuel da Cunha Camelo, morto em 1866, remodelou ligeiramente a capelinha e adquiriu a atual Nossa Senhora.

O "vulto" é nitidamente lisboeta. Predomina o azul lavado. Coroa-a um pequeno diadema de oiro velho. Aos pés, como nas Virgens de Murilo, surgem cabecinhas de anjos. Terá uns 50 ou 60 centímetros de comprimento. Não tem manto de veludo nem lhe descobri as riquezas de que a dizem possuidora. É uma santa que espalha os milagres sem se afastar da primitiva rusticidade do sertanejo fiel. Ali, há séculos, multidões oram e são consoladas. Gerações inteiras passam por este altarzinho de 3 metros de largo, pequenino e insignificante, mas irradiador de tranquilidade, de estímulo, de confiança e de ânimo. Aqui, velhos caçadores, vaqueiros veteranos da luta do campo, plantadores que os anos envelheceram, rezam ajoelhados, de mãos postas, hirtos e obstinados, recebendo a coragem de opor aos elementos naturais a fortaleza duma resistência miraculosa.

Descemos a serra devagar. Serra harmoniosa pelas águas que se despenhavam, encachoeiradas e rumorosas. Um ar frio subia, espalhando-se no ar, dando a impressão de outras paragens.

Outra lembrança de Patu é o local onde se erguia a casa do velho seleiro que, no dia 17 de abril de 1840, foi pai de Almino Álvares Afonso, tribuno estertórico, político impulsivo, alma imensa de generosidade e de valentia moral. Da casa nada mais resta. Um arco de madeira, que marcava o ponto, já caiu. Fiz uma evocação da figura forte e bondosa do senador Almino, falando de cima dos destroços que localizavam sua moradia, "nas capoeiras do Patu", como ele gostava de dizer.

XI
Povoações

Na povoação da Vitória, município de Pau dos Ferros, tive um ótimo informador na pessoa do Sr. Antônio Lopes, sertanejo vivo, leitor de jornais e amigo de "prosas".

Logo depois do jantar veio a mim, levou-me para um vão de janela e aí, cercado de povo, interrogou-me sobre vários topônimos. Que é Moçoró? E Panati? E Socó-boi? Fui respondendo e perguntando também. Ficamos amigos e ainda hei de passar a noite de 12 para 13 de junho em Vitória. Esta é a noite da véspera de Santo Antônio, padroeiro de Vitória, que se ufana em ter um "vulto do Senhor Santo Antônio" tão bonito e perfeito que tem causado ciúme até no Recife.

Contaram-me que outrora Vitória era apenas a "passagem do Freijó". Aí havia melhor vau e os freijós davam o nome. Em 1864 Raimundo Fernandes doou a primeira sorte de terra a Santo Antônio, sendo, neste mesmo ano, colocada a pedra inicial da pequenina capela. O vigário de Pau dos Ferros, padre Bernardino José de Queirós, com o auxílio dos moradores, mandou vir a imagem em 1868. Dois anos depois o padre Bernardino mudava o nome de Passagem do Freijó para Vitória.

Vitória é uma povoação fundada em colinas. É irregular, acidentada, mas se destaca harmoniosamente na paisagem circunjacente, toda verde, dum verde úmido, suave à vista como o veludo ao tato.

O vau ladeado pelos freijós denominara Vitória. E as outras povoações visitadas não tiveram explicações outras que justificassem seu aparecimento? Umas surgem em consequência da proximidade dos grandes açudes, como Malhada Vermelha, no Apodi, Lucrécia, no Martins. Outras interrompem o deserto das estradas, duma para outra vila, estabelecendo uma intercessão, um parêntese de vida humana, na solidão intérmina das caatingas e carrascais. Assim foi Mata, hoje José da Penha, na linde de Luís Gomes com Pau dos Ferros. Boa Esperança, no município do Martins, foi sempre o pouso obrigatório de descanso depois de vencida a esperidade da serra da Mumbaça, na pista secular para a Paraíba, velho caminho de penetração.

Mas o algodão tem explicado muito mais a criação dos povoados que a velha granjearia ou pastorícia primitiva. Junto aos grandes roçados do herbáceo, verdão e mocó, as casinhas de tijolo vermelho pululam. Anos depois seguem ao longo da estrada, sem ordem, mas numa contínua direção. A unidade de produção conduz a população a densificar-se em derredor de um trabalho que será, mais ou menos, constante e seguro. Outrora havia o regime dos "adjutórios", como no Sul chamam *mutirão*, reminiscência da Idade Média em que todos ajudavam um em benefício coletivo. Agora o trabalho nordestino já não exige aquelas maltas de apanhadores de café ou de cacau, sem fixação e demora depois das safras. A carnaúba radicou uma população em todo o vale do Açu. Depois das salinas de Macau um automóvel corre algumas horas entre casinhas e pequenos núcleos humanos, fundamentos de futuras vilas.

No município de Caraúbas, Bela Vista e Língua de Vaca, por exemplo, são pouco mais de fazendas, mas o acréscimo da população, imobilizada pelo ganho num círculo limitado, está como que obrigando o nascimento de dois centros de vida social caracterizada, aparelhados pela relativa facilidade de contato com a cidade de Caraúbas e ambas dotadas de escolas próprias.

Em Lucrécia só se sabe que este era o nome duma velha negra, senhora dos terrenos onde se alinham várias centenas de casas, os postes de iluminação elétrica e o lençol d'água, fecundador e límpido, do açude.

Almino Afonso, no município de Patu, como João Dias, no de João Pessoa, foram resultados dos cruzamentos de estradas, sedes infalíveis de encontros dos comboios de gado e de almocreves de fazendas e miudezas, que varavam todo o Sertão, mascateando.

As antigas Santas Missões completavam a força material dos comboeiros e passadores de gado. Erguiam a capelinha que presidiria o "quadro da rua" e constituíam o cemitério, murado e branco, com seu portão barroco, encimado pela cruz de madeira. Às vezes, vindo de longe, inopinadamente vemos, por sobre o arvoredo denso, o símbolo secular em cuja sombra nasceu uma civilização.

XII

Virgolino Lampião

Nas demoras nas cidades e vilas falava-se de tudo. Naturalmente um assunto faltal era o cangaceirismo. Antônio Germano, em Luís Gomes, contou-me a prisão do seu pai de criação, o velho Moreira, arrebatado pela horda sinistra de Lampião que, no caminho de Moçoró, agarraria Antônio Gurgel, recém-vindo da Europa, amigo íntimo de minha família.

Lampião reina incontestavelmente na imaginação sertaneja. Devemos um grande bem ao hediondo bandido. Desmoralizou o tipo romântico do cangaceiro. Outrora todos os valentões, chefes de quadrilha, tinham atitudes simpáticas, gestos cativantes, ações generosas poupavam as crianças, respeitavam os lares, veneravam os velhos, faziam casamentos, cobravam dívidas a que os ricos recusavam pagamento, rasgavam processos forjados pelo mandonismo político. Lampião acabou com a tradição de Jesuíno Brilhante, Adolfo Meia Noite, Antônio Silvino. É malvado, ladrão, estuprador, incendiário, espalhando uma onda de perversidade inútil e de malvadeza congênita onde passa.

Mas, anos passados, ainda Lampião estava na fase inicial. Era supersticioso. Em Caraúbas narram-me pormenores interessantes de sua psiquê. Não entrava nas casas onde via o retrato do padre Cícero Romão Batista, seu padroeiro nas terras cearenses. Venerava os oratórios. Ficava parado, descoberto, silencioso, diante dos velhos altares domésticos, cheios de santos coroados de oiro, torçais de oiro, terços e rosários de oiro, sem tocar numa só peça. Dinheiro de santo é sagrado. As famílias aproveitavam este acatamento às imagens, escondendo nos oratórios todos os objetos preciosos, dinheiro em papel, títulos de propriedade. Lampião julgava que tudo virara tabu.

Hoje evoluiu. Não espera que os santos vigiem os patrimônios. Quebra os santuários e carrega as promessas pagas. A Religião, dizia Lenin, é o ópio do povo. Lampião está imune de ópio. As consequências só são agradáveis para os que vivem a cem léguas do facínora.

Quando, em janeiro de 1929, estive na povoação de Gavião (mudada indesculpavelmente para Divinópolis), soube da passagem de Lampião em sua marcha sobre Moçoró, repleta de soldados e paisanos e fartamente municiada.

José Marcelino disse-me que o bando atravessara, ao anoitecer, aquela região, depois de trucidar três rapazes que tinham tido a ousadia de emboscá-lo. Os cangaceiros viajavam a cavalo. Uma cavalaria de hunos, descrita por Manoel Brion em sua biografia de Átila, estaria magnificamente evocada. Galopavam cantando, berrando, uivando, disparando fuzis, guinchando, tocando os mais disparatados instrumentos, desafiando todos os elementos. Derredor os animais despertavam espavoridos. Galos cantavam, jumentos zurravam, o gado fugia. Neste ambiente de tempestade a coluna voava, derrubando mato, matando quem encontrava, alumiando, com os fogos da destruição depredadora, sua caminhada fantástica.

Moçoró defendeu-se furiosamente. Deixaram que Lampião entrasse no âmbito da segunda cidade do estado e tiroteasse dentro das ruas iluminadas à luz elétrica e povoadas de residências modernas. Indicaram-me, no Alto da Conceição, onde os primeiros cangaceiros surgiram, cantando *Mulher rendeira*. Nunca mais Moçoró esquecerá aquele tremendo 13 de junho de 1927.

No cemitério vi as pequenas covas de Jararaca e Colchete, tombados no ataque. Colchete morreu logo. Jararaca ainda durou vários dias, ferido de morte, acuado como uma fera entre caçadores, impassível no sofrimento, imperturbável na humilhação como fora em sua existência aventurosa e abjeta. Morreu como vivera – sem medo. Herói-bandido, toda a valentia física e a resistência nervosa da raça preadora de índios e dominadores dos sertões reviviam nele, empoçado de sangue, vencido e semimorto. Aquela força maravilhosa dispensara-se, orientada para o crime, improfícua e perniciosa.

O cangaceiro não é um elemento do Sertão. Não vem da seca, da justiça local, da mestiçagem, da educação, do uso das armas. Existe em todos os países e regiões mais diversas. Na inóspita Mauritânia e na alagada China, nas montanhas da Córsega e nos plainos de França, onde viveu e reinou Mandrin, em São Paulo com Dioguinho e em Portugal com o José do Telhado, nas cidades tentaculares e nas povoações minúsculas, repontam esses tipos de inadaptação, somas de todos os fatores, vértices para onde convergem as grandezas das taras, tendências, ineducações e impulsos.

XIII

Classicismo sertanejo

O sertanejo não fala errado. Fala diferente de nós apenas. Sua prosódia, construção gramatical e vocabulário não são atuais nem faltos de lógica. O sertanejo usa, em proporção séria, o português do século XVI, da era do descobrimento. Há poucos anos é que a rodovia conseguiu prendê-lo, em massa, ao litoral e sua linguagem se está modificando ao contato do nosso palavrear brasileiro, totalmente diverso. Enquistado, durante séculos, naquelas regiões, ele manteve o idioma velho, rijo e sonoro, dos antigos colonizadores. Um estudo urgente impor-se-ia para recolher centenas de vocábulos clássicos ainda manejados usualmente. Daqui a algum tempo o sertanejo falará como todos nós. O ambiente, renovado pelos jornais, escolas, visitas e viagens, atravessa um período de transformação rápida. Pena é que um filólogo (e não um gramático) perca a oportunidade rara de ouvir como falavam Luís de Camões e Gil Vicente. O que nos faz sorrir é a nossa ignorância dos escritores portugueses de outrora.

Em Luís Gomes perguntei ao prefeito Antônio Gonçalves se morava na vila.

– Tenho casa aqui mas sempre assisto na fazenda... o poeta de "Marília de Dirceu" (1744-1807), um dos chefes da Inconfidência Mineira, assim enumerava suas posses românticas:

– "Tenho próprio casal e nele assisto"...

Camões não usava estou (penso); ventura (sorte), home (no sentido pronominal indefinido), calidade, desagardecido (desagradecido); eraro (claro); dixe (disse), alevantar (levantar), arreceio, própio (próprio), treição (traição)?

Quando um sertanejo diz "filosomia", em vez de "fisionomia", nós achamos uma graça imensa. Luís de Camões, o hiperclássico das nossas antologias escolares, dá um exemplo (Filodemo, v. 1049).

– "Que era dalta geração"
"Logo na filosomia"...

No *Cancioneiro [geral]*, de Garcia Rezende não vemos estruir (destruir), alifante (elefante), camalião, arreceando, entrementes?

Sá de Miranda, o puríssimo vate do vernáculo, escrevia, serenamente, alumeia, tromento, demudado, home.

– "De tal sono as deixam cheias
Que se não pode home erguer"?

Em Bernardim Ribeiro (*Éclogas*) não anotamos os mesmos termos que o sertanejo emprega? Entonces, assossegou, empacho (embaraço), despois, polos, pulos (pelos), inté (até) não foram escritos pelo grande poeta pastoril?

O sertanejo teima em pronunciar "Anrique" por Henrique. Raros lembram que o lusitano conheceu Henrique através do francês Henry ("An-ri"). Assim assinava o cardeal rei dom Anrique e todos os quinhentistas não grafaram doutra maneira.

O doutíssimo poeta doutor Antônio Ferreira (1528-1569) utilizava vocabulário irmão, de pai e mãe, do nosso sertanejo. Trouve (pretérito do verbo trazer), reposta (resposta), mezinhas (remédio), pide (pede), minimo, minina, piqueno (com i em vez de e), supito (súbito), malenconia (melancolia), escomado (perseguido), tabalião, espritasse (verbo obsoleto em Portugal e ainda nosso conhecido), estamago (estômago), o cujo (o tal), são vistos em cada página da obra teatral do grande clássico da língua portuguesa.

Em Gil Vicente a citação não terminaria mais. A negativa posposta não julgamos um modismo peculiar ao Sertão? Aqui está Luís de Camões no auto *El-Rei Seleuco* (v. - 263).

– Pajem: "Senhor Não"!...

O gorpe, que supomos "gole"; está certíssimo. Houve apenas a permuta de consoantes. É "golpe", quantidade de líquido que se pode medir baixando e erguendo bruscamente o gargalo da garrafa. É século XVI puro. E todos nós ouvimos, centenas de vezes, falar em "gorpe-d'água"...

O *Dicionário de Morais* registra "graça" como sinônimo de "nome". Como é sua "graça", frase tão tradicional, não destoa da regra de sã doutrina verbal.

Não convém rotular de português errado o linguajar do nosso sertanejo. Em geral o povo é conservador.

Há meses, uma velha negra quitandeira, ralhando com o neto glutão, informou-me que ele, começando a comer, não tinha "parança".

Fiquei rindo da velha. Quem estava digno de risadas era eu. Parança é o ato de parar.

XIV

O sertanejo não conhece o plural

O sertanejo tem algumas centenas de arcaísmos empregados vivamente em seu dialetar. O africanismo é menor e a parte do índio só se torna sensível denominando objetos ou na toponímica. É o que supomos, mas pode haver novidades. Uma sintaxe se esboça livremente e é inútil qualquer tentativa erudita para obstar que o povo vá moldando os rigores da língua às exigências ambientais.

Essa diferenciação notável e contínua já possui da literatura e seu doutrinador. Este é Mário Marroquim, autor de *A língua do Nordeste* (1934, São Paulo), catedrático na Escola Normal de Maceió, o melhor, mais completo e perfeito trabalho no gênero. Marroquim julgou, lealmente, cingir-se às províncias de Pernambuco e Alagoas, mas suas observações vão adiante. É livro indispensável para os que estudam as modificações do idioma no cadinho tropical do Brasil.

Um ponto sensível é o sertanejo não conhecer o plural. Sabemos o número apenas pelo determinativo. O boi, os boi; a vaca, as vaca; o bicho, os bicho... Marroquim diz ser "o fenômeno mais pessoal e frisante do dialeto popular". Não adianta muito sobre esta singular ablação, quase total, dos que originaria, possivelmente, o sertanejo não ter um só vocábulo terminando por consoante.

A fonte mais extensa que conheço é Virgílio de Lemos em sua erudita monografia enviada ao Quinto Congresso de Geografia (Bahia, *Anais*, 1917, p. 815. "A língua portuguesa no Brasil").

> No que diz respeito às formas gramaticais, tão graves, profundas e intensas foram as alterações que ela sofreu na boca dos negros e peles-vermelhas, que ainda hoje as deformações da flexão numérica são de observação vulgar, comum e universal, no falar inculto dos campos e dos afastados sertões. Relativamente à declinação dos nomes, para nos exprimirmos na linguagem de Darmesteter, verifica-se que, por uma lei geral, os adjetivos, qualificativos perderam a flexão do plural, que só se faz distinguir do singular, pela anteposição dos adjetivos articulares, dos numerais e dos possessivos que conservaram aquela flexão. Assim, dizem, invariavelmente campônios e sertanejos; o boi, os boi; um boi, dois boi, meu boi, meus boi; seu boi, seus boi etc. (p. 880).

Marroquim anota que não dizem "dois" mas "doi". Como se vê tudo continua apenas registrado.

No português velho muito vocábulo possuía significação e gênero diversos dos que atualmente empregamos. Camões dizia "a planeta" que hoje é masculino, como até o século XVII, "tribo" era masculino e escrevemos agora no feminino.

No século XIII, e princípios do século XIV, não havia feminino para "senhor". Dizia-se "meu senhor" e "minha senhor". Apenas o possessivo denunciava a distinção.

No famoso *Cancioneiro d'El-Rey Dom Dinis* (1261-1325), o Rei-Trovador, o vate do "verde pinho", cantava:

– "Quant'eu, fremosa minha senhor,
De vós receey aveer...

Havia, pois, precedência de o possessivo determinar o gênero. Não encontrei documento que justificasse a falta da flexão numeral ainda mantida pelo sertanejo mas, dado o antecedente, é possível ter-se empregado na linguagem vulgar o mesmo que chegou até às reais mãos do poeta da "bayla de amor".

Outra explicação, mais plausível, será a influência do Tupi. No nheêngatu não havia plural. O mestre Teodoro Sampaio ensina:

> Também não têm flexão para os números os nomes nesta língua. O mesmo nome, sob a mesma forma, pode estar no singular ou no plural, dependendo isso tão somente do sentido da frase: oca, a casa ou as casas; itá, a pedra ou as pedras (*O tupi na geographia nacional*, p. 73).

Para o indígena ter o plural socorria-se de adjetivos, etá (muitos) ou cuera (repetido, reiterado, multiplicado) ou repetia o substantivo. Assim paca-etá, as pacas, itacuera, as pedras, pira-pira, peixe-peixe, os peixes.

Teodoro Sampaio afirma que "no geral, porém, os nomes tupis são invariáveis para o número".

Nós sabemos que o índio foi o primeiro trabalhador escravo ou o companheiro militar aliado ao colonizador. Sua fixação, nas reduções jesuíticas, influiu pouco nos costumes mas sua permanência nos Sertões, ao lado dos grandes sesmeiros e criadores ou acompanhando as bandeiras que iam conquistar as terras curralengas, foi grande e larga. Não somente uma vasta toponímia positiva a área geográfica, em que o índio residiu, como também lembramos a multidão dos vocábulos que herdamos dos antigos senhores do Sertão. Forçosamente o fenômeno de assimilação subiria das camadas mais em contato com a indiada para os chefes de currais e mestres de campo. A população, em diária aproximação com o índio cativo em guerras, e obrigado aos trabalhos da agricultura, ou simplesmente assoldadado para as campanhas guerreiras, dele receberia um vocabulário híbrido, português-tupi, com seus modismos, peculiaridades e exotismos gramaticais. O caso da ausência do plural seria uma parte deste patrimônio verbal que ainda vive.

XV
Música sertaneja

Música sertaneja, no sentido expresso do termo, nunca existiu. Para dançar dançam o que se dança no litoral. Valsas, polcas, xotes, quadrilhas, tangos, agora maxixes, *fox*, *rags* e até rancheiras que adaptaram às corridinhas da saudosa polca pulada. Para a sociedade, rica, abastada ou mediana, não há maior desdouro que falar em sambas. Sambas não são as danças mas o próprio baile, a reunião festiva. Samba é de gentinha, dizem. O samba primitivo era uma simples dança de roda, herança do índio em suas danças coletivas, mas sem mulheres. O português colocou o ponto, a parada com a saudação convidando para sair e também trouxe o elemento feminino para o meio. O negro colaborou com a umbigada. Samba vem de *semba*, que quer dizer umbigo.

A impressão geral da música sertaneja só se pode ter ouvindo cantadores. A improvisação nos bailes é diminuta e as vitrolas acabaram matando, numa porcentagem séria, a facilidade criadora do sertanejo em temas musicais. O que se nota depressa é a acomodação da melodia temática às exigências do ritmo sertanejo, ao compasso *ad-libitum*, com que estão habituados a fugir da própria quadratura melódica.

Mário de Andrade (*Ensaio sobre a música brasileira*, p. 12, 14 etc.; *Compêndio de história da música*, p. 177 etc.) salientou esta coadunação libertadora. Mas distinguiu que se dava no sentido melódico, caindo num movimento oratório que ia, reconhece ele, libertando-se da quadratura melódica e até do compasso. Mário registrou brilhantemente este aspecto que, para mim, é uma característica:

> ... esses processos de rítmica oratória, desprovida de valores de tempo musical, contrastavam com a música portuguesa afeiçoada ao mensuralismo tradicional europeu.... e a gente pode mesmo afirmar que uma rítmica mais livre, sem medição isolada musical, era mais da nossa tendência, como provam tantos documentos já perfeitamente brasileiros. Muitos dos cocos, desafios, martelos, toadas, embora se sujeitando à quadratura melódica, funcionam como verdadeiros recitativos.

O desafio não é espécie musical. É um gênero. Tem várias partes, como uma suíte, diferindo de ritmos e de tipos melódicos. Começa pela *colcheia*, passa a *carretilha*, isto é, do setissílabo para as sextilhas e atinge o *martelo*, reminiscência perfeitamente clássica que o sertanejo não inventou mas recebeu dos portugueses. O *martelo*, com rimas alternadas, vai desde seis a dez versos em alexandrinos. O desenho melódico obrigatoriamente se modifica e, às vezes, inteiramente. Os instrumentos de acompanhamento no desafio são as violas apenas, jamais solam, mas seguem, em acordes menores, o recitativo puro da chamada *cantoria*.

Um cantador famoso não se serve da viola senão nos intervalos das frases recitadas. Termina o canto numa *fermata* ou num ralentando, ambos guturais, acrescidos pelo processo de nasalação, que é tão comum que melhor se dirá natural. A viola é de pinho, com seis cordas duplas de apo, afinada por quartas, com dez e doze trastos no braço.

A preferência do cantador sertanejo, e da maioria absoluta das modinhas e cantos populares, é para os tons menores, dó, ré, lá.

Os temas são deliciosamente simples. A maior influência portuguesa ainda é notada nas rodas infantis. O negro e o índio são responsáveis pelo ritmo profundo, a obstinação rítmica que, sendo libertada pela expansão dos recitativos, nem por isso diminui de intensidade e segurança. Mas o negro, todos sabem, é mais escravo do ritmo. Veio da percussão.

O ritmo, que Mário de Andrade encontrou como a expressão mais positiva no Brasil, a síncope de *semimínima* entre colcheias no primeiro tempo de dois por quatro, leva para a constância da nossa melódica popular o movimento descendente de sons rebatidos, igualmente notado pelo erudito professor do Conservatório de São Paulo.

O desenho simples não exclui a pureza, a sobriedade incrivelmente melódica, inesquecível e linda. Certas linhas são verdadeiras obras-primas de naturalidade, de doçura, a um tempo meiga e triste. Nenhum traço tipicamente sertanejo em assunto musical é alegre. Tem um abrandamento, um trabalho preliminar de melancolia, para ficar ao gosto de todos. A porção maior das modinhas é em menor. Os melhores sambas de emboladas são menores. No auto popular do *Bumba meu boi* os tons menores são dominantes. Mário de Andrade teve a felicidade de reparar que substituímos a franqueza impositiva do português pela delicadeza mais mole e familiar. No linguajar diário dizemos *mi-dê, vase imbora* por *dê-me* e *vai-te embora*. Assim em música o sertanejo troca a tônica presente pela mediante tonal, dando um ambiente inenarrável de *malinconia*.

Vivas, arrebatadas, impulsivas, folionas, o Sertão só conhece as rodas das crianças. Os brinquedos de rodas, cirandas, *A ponte da Aliança*, a *Moda da carrasquinha*, *Bom barquinho*, são todos em tons maiores, estimuladores de movimento e de vida. Parece, por uma ironia sutil, que desejamos dar às crianças um ambiente de despreocupação e de vivacidade irresponsável. Homens só saberão cantar em tons merencórios.

Daí um cantador sertanejo afirmar que

> O princípio são fulôres
> A choradêra é no fim...

XVI

Decadência da "Cantoria"

O Sertão perdeu seus cantadores. A vida transformou-se. As rodovias levam facilmente as charangas dum para outro povoado. As vitrolas clangoram os *foxes* de Donalson e de Youmans. As meninas, que conheci espiando os "home" por detrás das *frixas* das portas, reclusas nas camarinhas, dançando a meia légua de distância do par, hoje usam o cabelinho cortado, a boca em bico-de-lacre, o mesmo palavreado das *tango-girls* do Aero Club e Natal Club. Numa viagem, em janeiro de 1928, eu mostrava a Mário de Andrade, nos arroados do Baixo-Açu, crianças com a bochechinha pintada de papel encarnado, fingindo *rouge*. Encontrei jornais do Rio e São Paulo em toda parte. O Sertão descaracteriza-se. É natural que o cantador vá morrendo também.

Doutro lado, uma das maiores fontes inspirativas era a "vaquejada de apartação". Quase não há. O Rio Grande do Norte passou à produção agrícola, e todos os sertanejos são mais ciosos de suas "partidas" de algodão mocó que dos seus rebanhos tradicionais. Aos poucos o gado estrangeiro vai invadindo os pastos. Os reprodutores multiplicam-se. Todo este gado não atende à magia melódica do aboio, à trilha sonora que, outrora, os vaqueiros desenhavam no ar, sugestionando a boiada vagarosa. Touro Zebu, Caracu, Heresford não entende aboio nem serve para ser puxado. A vaquejada, velha escola de agilidade, de afoiteza, de arrojo, de valentia, de presença de espírito e decisão pessoal, está desaparecendo. Para substituir, junto aos moços, esta tradição de bravura, vou encontrando, melancolicamente, campos de *football*...

> Cantadô nas minhas unha
> Passa má que se agoneia:
> Dou-lhe armoço de chicote,
> Janta pau, merenda peia,
> De noite cêia tapona
> E murro no pé da orêia...

Onde anda a lembrança desses cantadores insolentes de inspiração e bêbados de alegria natural? Quais são os mestres da cantoria de agora? Preto-Limão, Serra Azul, Bernardo Nogueira, Inácio da Catingueira, Chica Barroza, Romano da Mãe-d'Água, Serrador, não deixaram herdeiros no trono humilde em que dominavam o Sertão, harmonioso de cantigas?... Nada mais resta dessa literatura oral, preciosa e milionária de curiosidade, senão os registros literatizados? Toda essa seiva borbulhante que perfumou dois séculos de vida livre e bárbara secou para sempre a nascente puríssima?

> Cantadô que cantá comigo
> E não fizé fincapé;
> Vira briba de parede,
> Musquito, bicho-de-pé.
> Se é muié, vira home,
> Se é home, vira muié...

É fácil para qualquer folclorista apontar o cuidado de todos os governos para recolher sua literatura oral. Academias, sociedades financiadas oficialmente, comissões, caravanas percorrem todas as regiões registrando tudo, fixando modismos, guardando as músicas, fazendo um repositório para corresponder às necessidades futuras, quando as terras pitorescas ficarem sem as peculiaridades lindas.

Nós nunca nos lembramos oficialmente desta riqueza que se está acabando. Há um sorriso superior de homem imponente, desdenhoso e sábio, quando ouve a frescura dos versos sertanejos. Pobre superioridade, triste desdém, misérrima sabedoria...

> Você ficando mais veio
> E inda se arrenovando,
> Tornando a nascê dez vez,
> Todas as dez se batizando,
> Todas as dez vindo cantá
> Todas as dez sai apanhando!...

O cancioneiro satírico, o cancioneiro heroico, o cancioneiro lírico do Sertão ainda esperam seu codificador. Possuímos os estudos de Gustavo Barroso, o Mestre, João Ribeiro, Lindolfo Gomes, Basílio de Magalhães, Alberto de Faria, mais uns vinte ilustres. Gustavo delimitou os ciclos mas sua vida lançou-o para outras atividades. O Sertão exige uma existência inteira votada ao seu amor, ao cuidadoso perpassar de seus anais escritos nos versos alados das modinhas, nos martelos sonantes e nas carretilhas fulminantes. E a música? O ritmo? A dança, com suas modificações, influências e metamorfoses? Dá vontade dizer, como Antônio Nobre:

> Onde estão os cantores do meu país estranho?
> Onde estão eles, que não m'o vêm cantar?

XVII

Carnaúbas
· · · · · · · ·

Em 1929 vim de Macau para Açu atravessando o vale ponteado de casinhas sorridentes e cheio de alegria. Sobressaía a cor encarnada, índice de mentalidade primitiva, arrebatada, impulsiva, sensual. Uma população intensa estirava-se, em léguas fartas, erguendo os ranchos numa continuidade que dava a ilusão duma imensa cidade, dum acampamento de várias raças, com indumentária peculiar. O ar se enchia com a surda sonoridade das palmas rudes, flabelando, lentas, na quentura dos meios-dias. A carnaúba explicava tudo aquilo.

Agora conheci o brejo do Apodi. O olhar se espraia, intérmino, naquele cenário verde-lodo, pesado e morno de fecundidade. O Dr. Mário Câmara fazia parar o auto, empolgado com a paisagem absorvente. Até os claros horizontes distantes, denso, maciço, compacto, agitando as palmas hirtas, como leques de cerimônia oriental, surdeava o mar montante dos carnaubais. A aragem fria da chapada descia, silvando, para o cadinho ardente onde uma população alacre e viva se fixara, para existir com a vida daquelas árvores ásperas e lindas.

Em Açu, Caraúbas e Apodi ouvi falar na carnaúba. Li trabalhos rápidos e nítidos sobre o assunto. Jonas Gurgel e Ezequiel Fonseca Filho escreveram monografias curiosas. Vi relatórios e mesma a análise dr. Vale Miranda quando o Rio Grande do Norte enviou amostras de cera para a Feira Internacional de Sevilha, em 1928.

A *Corypha cerifera*, do naturalista Manuel de Arruda Câmara, a *Copernicia cerifera*, de Martins, está principalmente nos municípjos de Moçoró, Açu, Macau, Santana do Matos, Augusto Severo, Caraúbas e Apodi. Patu e Martins possuem carnaubais. Em Ceará-Mirim já se extrai a cera. Vi os carnaubais de Canguaretama, aproveitados apenas para a produção da fibra.

Já se tem feito literatura sobre a carnaúba. Como disse Pero Vaz de Caminha da terra do Brasil, a carnaúba querendo-se dela aproveitar, dar-se-á nela tudo.

É a cobertura do casebre, o chapéu, a esteira, o esteio da casa, utensílios domésticos, alimentação, combustível, mil empregos. Para a economia vale como produção cerífera e, decorrentemente, a palha para cem misteres.

A carnaúba precisa de 6 a 10 anos para atingir o tamanho capaz de produzir. Julga-se um carnaubal tomando-se por unidade a palha. Tantas mil palhas, dizem índices de abastança. No mês de setembro faz-se o primeiro corte e os outros, um ou dois, conforme a estação. O inverno prejudica.

No primeiro corte 3 mil palhas dão 15 quilos de cera. No segundo, 2 mil valem o mesmo rendimento que se mantém, mais ou menos, igual, nos cortes posteriores. Açu produz trezentas toneladas de cera, Moçoró, 150, Santana, sessenta, Apodi, 75, Macau, quinze.

O corte é feito com foices pequeninas e afiadas, fixas nas extremidades de longas varas. O "vareiro" corta os pecíolos e os "apanhadores" recolhem o material, apinhando-o nos "estaleiros" para a seca.

Seis dias depois a palha está ressequida e o pó se destaca ao menor contato. Bate-se a palha em ambiente fechado, durante as horas da noite. Antes da batida lascam as folhas longitudinalmente, em forma de fitilhos, que ficam presos na parte superior. Bate-se a palha sobre folhas inteiras ou sobre lençóis. Aí se dá a classificação dos dois tipos essenciais. A cera das palhas do olho-da-carnaúba dá a "flor", tipo superfino, raro e custoso, chegando apenas a 2% de toda produção obtida no estado. A outra é a cera da palha comum e tem subdivisões conforme seu aspecto e pureza.

O pó é levado para os tachos onde ferve, com ou sem água. Depois de fervido coa-se em lençol ou na mesma palha. A cera que atravessa os panos próprios é a melhor. A outra é de inferior qualidade. O segredo dos mestres está no ponto exato em que se deve interromper a fervura.

A cera comum é a da palha, cozido o pó com água. Chama-se "arenosa". A colhida da palha do olho e cozida sem água dá a "gorda" ou gordurosa", que os americanos chamam *fatty grey* e também *north country*. A "arenosa" tem o nome comercial de *chalky grey*. Os tipos são, na ordem ascendente, gorda ou gordurosa, arena ou arenosa, mediana, primeira e flor. O tipo arenoso entra com a porcentagem de 70%. Os tipos mais caros (flor, primeira e mediana) são tidos das palhas do olho da carnaúba. A diferença é apenas da idade do olho, predominando a xantofila no primeiro caso, xantofila e clorofila equilibradas no segundo e clorofila no terceiro.

Em Macau mostraram-me as "fôrmas" onde despejam a cera líquida. Outrora havia no Sertão uma ativa indústria de velas de carnaúba. Ignoro se existe ainda.

Carnaúba é uma contração de carana-iba ou uba, a madeira rugosa, a madeira escamosa.

Os processos para obtenção da cera são, como veem, de cem anos passados. Jonas Gurgel notou apenas um leve progresso no aproveitamento da borra (resíduos) da cera que, tratada pelo sal de azedas, toma cor mais clara e apresentável.

Não há nenhum auxílio para a criação de novos carnaubais. É uma indústria que está despertando interesse. O Japão pergunta sempre pelas casas exploradoras. E nós continuamos a produzir como há um século, derribando as árvores existentes, esperando que a terra nos dê, maternalmente, o que não sabemos conservar?

XVIII

Resumo dos temas

De Natal, por Macaíba e Santa Cruz, subindo até Cerro Corá, descendo para Angicos, por São Romão, fomos ao Açu, cidade senhorial e velha de glórias. Seguimos para Paraú, Augusto Severo (o antigo Campo Grande, de João do Vale Bezerra que deu nome a uma serra e não pôde manter o de sua fazenda), Caraúbas, terminal da Estrada de Ferro de Moçoró. Em Caraúbas vi a terceira escola inaugurada. A primeira fora em Paraú. As duas, Língua de Vaca e Bela Vista, continuam sendo as melhores casas dos povoados. Rodamos para Patu, vila irregular, semeada entre pedras e sob a proteção gigantesca da Serra do Patu, maciça e clara como um castelo feudal. De Patu, por Almino Afonso a Lucrécia, povoado com luz elétrica, duzentas casas de tijolos e dois mil moradores. Há menos de dois anos era uma capoeira sem água, pertencente a uma velha escrava que deu nascimento ao topônimo. O açude explicou a criação da futura vila. A jornada prossegue para Boa Esperança, através da Serra da Mumbaça, pegada da influência africanista, para João Pessoa, município novo que teve três nomes – Barriguda, Alexandria e o batismo atual. Aí, um grupo escolar inaugurado. O mais bonito da província. A casa da escola antiga parecia um quarto de prender meninos. Baixinha, escura, triste em sua janela pensa e porta única que mal deixava entrar, como envergonhada de ser tão feia para uma finalidade resplandescente.

De João Pessoa fomos para Vitória, povoado que se chamara, outrora, Passagem do Freijó, nome de homem e nome de árvore. Acampamos em Luiz Gomes, a vila clara e acolhedora, no cimo da serra que as névoas frias enrolam. Encontro, com outros amigos, o alemão Wilherm Ksinsik, admirador de Hitler, sabendo várias coisas, com quem converso integralisticamente durante quase toda a estada, até o *auf Wiedersehen* final. De Luís Gomes passamos José da Penha, outro povoado que surge na divisa Luís Gomes – Pau dos Ferros. Antigamente era simplesmente Mata e, doença da bajulação corográfica, mudaram--lhe o batismo como se fosse homenagem ao patrono ilustre, morto em combate aos jagunços do Juazeiro. Somente à noite atingimos Pau dos Ferros, cidade tradicional onde vi a linda lâmpada de prata da igreja e evoco genealogias com Carloto Távora, cara de centurião romano, rija e sisuda, adoçada por um constante sorriso intelectual.

De Pau dos Ferros rumamos Itaú, povoado vermelho, ardente, singular em seu conjunto. Passamos, de canoa, o açude, e vamos a Malhada Vermelha, outro núcleo que a água espelhante da represa justifica, tanto quanto a operosidade de Francisco Ferreira, que, naquelas alturas, pergunta-me pelo Integralismo e está mais bem informado que os nossos inefáveis ironistas. Outra escola, em prédio próprio, é inaugurada. Oito foram autorizadas a construção imediata. Partimos para Apodi, cidade silenciosa como a simbólica Itaoca que Monteiro Lobato inventou. O quadro da rua está deserto sob o sol chispeante que incandeia a lagoa fulva. Nas torres da Igreja os sinos pendem. O auto corre pela maravilhosa chapada do Apodi, indizível beleza envolvedora que um dia a mão do homem transformará no maior fator econômico para a província. Por ora só existe a paisa-gem verdoenga, intérmina, pintando de frescura visual o horizonte de carnaubais e juazeiros verdes e úmidos. Paramos na Pedra da Abelha, outro povoado à margem do rio que a enchente multiplicou, espraiando pela terra anegrada e peguenta como visgo. Nas pedras calcárias vivem os enxames de abelhas. Há um surdo e constante rumor de trabalho junto aos serrotes que cercam as casas brancas do povoado. A palestra maior é com Antônio Gurgel. Destino singular. Habituado em Natal, com amizades infinitas, viajou à Europa, educou bem os filhos e se foi meter no Brejo do Apodi, tão resignado e sereno como se estivesse jogando o pacatíssimo *cun-can* no Natal Club. E nem lhe faltou a glória sinistra de ter sido prisioneiro de Lampião vários dias...

Descemos o rio Moçoró, em canoa estreita e balouçalante. Oscar Guedes, para sossegar-nos, fala ininterruptamente em naufrágios e seminaufrágios. Antônio Soares, que se diz veterano naquelas paragens, lá para as tantas, esqueceu o caminho. Dr. Mário narra viagens de avião, planos de trabalhos administrativos. Eu fico junto à dupla que rema, igual, mudando cada hora a posição. Anfilóquio, depois de manobras que punham em perigo o equilíbrio da nau, acomodou-se em cima das maletas e ficou pensando no Departamento de Educação, imóvel, olhos fechados. Parecia dormir mas não direi que o fizesse. Viajamos pela noite de luar. Luar traiçoeiro e tímido que se escondeu nas nuvens sujas e baixas, deixando ao rio cheio sua beleza melancólica e trágica. Vezes a canoa esbarrava nas jaíbaras que iam ao sabor dos rebojos. Vezes, nas retas d'água corrente, íamos velozes, margeando a muralha das serras ou ladeando a sombra negra das grandes árvores pendidas para o leito sonoro do rio. Assim até que, na treva, pirilampejaram as luzes indecisas de São Sebastião. Saltamos, passando o povoado quieto sob o palor de estrelas altas e claras como almenaras medievais. A igreja presidia, numa majestade de mistério e recolhimento, o sossego do burgo. *Sentire cum Ecclesia...*

Viajamos agora em automóvel de linha. Soares retoma a circunspecção de prefeito de Moçoró, cujo clarão elétrico vemos no céu escuro. Saltamos, derreados, alta noite para a hospitalidade de João Leite, compensadora da jornada tremenda:

Visito pela manhã Moçoró. Cidade enorme, tentacular, com edifícios amplos que denunciam a vida passada de um comércio gigantesco. Vê-se o desânimo naquelas ruas quase sem movimento. Parecia Manaus depois do *krack* da borracha.

Minha impressão maior, depois da sede dos Empregados no Comércio, é o cemitério que Vicente Carlos de Saboia Filho, gentilmente, ciceroneia. Visito os túmulos dos homens – orgulhos para Moçoró, Rodolfo Fernandes, o prefeito que repeliu Lampião, alto, vermelho, risonho, afável como um velho fidalgo imperial; doutor Castro, dono de tudo sem nada possuir, médico dos pobres e ricos sem saber o preço duma receita. Recordo-lhe o físico atarracado e grosso, as suíças esvoaçantes e os olhos de veludo, doces e imperiosos, dos Almeida Castro. Aqui e além letras gritam as velhas famílias senhoriais que ajudaram a fazer a cidade e fundaram seu domínio financeiro por mais de trinta anos.

Uma linha de túmulos de uma sociedade trabalhadora faria inveja às sepulturas dos burgueses ricos.

Novamente viajamos. Agora é de trem, um comboio vagaroso, dando tempo para ver o cenário repousante dos arredores. Porto Franco, com montes de sal, saudações e cansaço. Um rebocador rasga a lâmina trêmula duma água revolta e fria. Areia Branca. Bem diversa da que conheci em minha meninice. Ruas, praças, luz elétrica, jantar tranquilo, palestra no jardim, passeio lento, vendo a cidade, vitrola com discos "clássicos" e um sono sem sonhos, vaga audição de modinhas que alguém canta estentoricamente ao violão, gemente e romântico.

Pela manhã, despedidas, oferecimentos, bote para o hidroavião da Panair que nos levará a Natal. Às 7h30, após corridinha rápida, decolamos. Vim mastigando os chicles Wrigley, batizando no cabo de São Roque ao Oscar Guedes, que se estreava numa viagem aérea. Anfilóquio não quis vir. Tinha de voltar ao Açu e a asma proibia-o de um voo no sentido material do termo. Ao lado passavam os povoados, alvejando do meio de coqueirais. Vezes, ronronando, o avião atravessava restingas maiores, entrando pela terra. As casinhas dos pescadores achatavam-se na perspectiva. Voamos sobre os morros de areia alvíssima. Nos arrecifes cinzentos o Forte dos Santos Reis emerge como uma sentinela. A água cortada pela proa do hidro espadana, silvando. Os motores param a respiração fremente e rítmica. Vamos devagar, para o flutuador. Fisionomias conhecidas sorriam. Na moldura das dunas a cidade se estende, imersa na doçura matinal. 9h20.

NOTA
....

A CAPELA DE EXTREMOZ

Na página 35, aludo ao fato de ter sido a igreja de Extremoz, a mais linda da província do Rio Grande do Norte, destruída pelo tempo na mais completa indiferença pública e oficial. A capela, dum barroco jesuítico e maravilhoso, vinha do século XVIII e chegou ao XX intacto. Existe ainda uma fotografia fiel. Está à página 441 do *The New Brazil*, de Marie Robinson Wrigth, que explica como *convent of the seventeenth century*.

Foi feita uma impressão colorida em cartões-postais, hoje raros.

A remodelação feita teimou em fazer desaparecer todo e qualquer vestígio passado. A capela, com uma frontaria inexpressiva e banalíssima, veio vivendo até 1929, quando sofreu outra remodelação. Hostílio Dantas pintou uma tela com a capela nesta segunda fase. O quadro está na sala da diretoria-geral do Departamento de Educação e sem assinatura.

A remodelação seguinte terminou em 1930, data que se lê num retângulo no frontão da atribulada capelinha.

A mania de procurar tesouros enterrados pelos jesuítas conseguiu derribar literalmente a capela. Cercou-a de escavações profundíssimas. Com o inverno toda a base do edifício está cedendo e as paredes, reformadas duas vezes, racharam ameaçadoramente. O vigário de Ceará-Mirim, cônego Celso Cicco, mandou retirar todos os vultos de santos, declarando a capela interdita para o uso dos serviços divinos.

Visitei no dia 24 de junho de 1934 a capelinha deserta de seus velhos santos, rodeada de buracos e cheia de entulhos. Apenas, na sacristia silenciosa, estava um pequenino lavabo de pedra lioz ingênuo e claro, recordando as festas de outrora, quando não havia a civilização destruidora e banal.

Dentro de breves meses a capela cairá. Vão construir outra, moderna, bonitinha, estilo qualquer.

De toda a História secular só existem raros traços arquitetônicos em toda província. Em Natal há, resistindo, a fachada da Igreja de Santo Antônio. Nada mais.

Colchete

Colchete, o cangaceiro morto no ataque a Moçoró, foi abatido com um tiro certeiro, do cabo Leonel, da Polícia Militar, que foi promovido a 3º Sargento.

A República, de 21 de junho de 1934, numa entrevista do dr. Eliseu Viana, descrevendo a luta contra o bando de Lampião, assim registra os detalhes da indumentária de Colchete:

> Nas proximidades da trincheira do coronel Rodolfo Fernandes (era o prefeito de Moçoró) estava estendido morto o ban dido COLCHETE, apresentando um ferimento de bala de fuzil que lhe atingindo o occipital arrancara o olho esquerdo. Levado, então, para a praça da Matriz, foi exposto à porta da igreja. Este bandido trajava roupa kaki, vestindo uma outra calça mesclada; usava chapéu com dois barbicachos, calçava luvas de couro, usando alpercatas com meias de seda; ao pescoço trazia um lenço encarnado, bem como à cintura uma faixa de chita bem vermelha. A sua arma era fuzil Mauzer, trazendo no bornal profusa munição. Foi encontrada em suas algibeiras uma porção de moedas de prata. Ao pescoço pendurava inúmeros escapulários, orações diversas e medalhas de santos, inclusive uma de alumínio com a efígie do padre Cícero.

Apêndice

Uma aldeia de negros no Seridó

Em suas interessantes reportagens sobre a viagem que fez pelo Sertão potiguar, afirmou Luís da Câmara Cascudo não ter visto um só negro nos 1.307 quilômetros que percorreu. Realmente, no Rio Grande do Norte quase não existem negros. A porcentagem é insignificante. As causas, que explicou, são bem justas. No entanto, quando estive em Acari, visitei, um dia, uma aldeia de negros que existe naquele município, a qual lembra uma perfeita cubata africana.

Em agosto de 1930, jantava eu no hotelzinho de Carnaúba, em companhia do dr. Flávio Maroja Filho, quando ele me apresentou a Chica de Rafael, dizendo que a mesma era da aldeia dos negros. Fiquei, então, bastante surpreendido em saber que havia um povoado de negros no meu estado e, muito especialmente, em pleno sertão do Seridó.

Achando isso deveras esquisito, demonstrei logo o meu grande desejo de conhecer essa aldeia africana. Chica de Rafael, ao saber dessa minha resolução, mostrou os seus alvos dentes em sinal de antecipado agradecimento.

Dormi em Carnaúba. No dia seguinte, ao amanhecer, fomos despertados pelos gritos estridentes de Chico Barulhão, fazendeiro do Ermo, que fora convidado pelo Maroja Filho para tornar a viagem mais agradável com suas interessantes palestras sertanejas. Zé Dantas já estava na calçada com os cavalos selados e prontos para a longa caminhada. Meia hora depois, os animais se *entubibaram* pela estrada, soltando o coronel Barulhão uma de suas formidáveis risadas pelo meu jeitão desengonçado de montar a cavalo. Passamos pela Pedra do Dinheiro. Subimos a serra do Maribondo de cujo cimo avistamos o colossal boqueirão da serra da Borborema, que parecia um monstro antediluviano de fauce hianta, querendo engolir a cidade de Parelhas. O sol escaldava, quando descemos a serra. Às dez horas, chegamos à aldeia Boa Vista e fomos logo para a casa de Teodósio Fernandes da Cruz, que estava nos esperando no terreiro de sua residência, em companhia de seus nove filhos. A negralhada, quando soube da nossa chegada, veio se aproximando desconfiadamente. De um curral saiu uma preta, com uma cabeleira tão grande e assanhada, que julguei ela trazer um enorme arapuá na cabeça. Todos os habitantes de Boa Vista são pretos retintos. Seus traços fisionômicos são do perfeito e legítimo africano. Eu estava admiradíssimo de vê-los assim agrupados em pleno Sertão do meu estado, o que não deixava de ser original e estranhável.

Teodósio Fernandes da Cruz é o capitão (chefe) daquela aldeia. Tem seus 70 anos, porém é musculoso e forte como o preto Yorik, de que nos fala Pitigrili. Sentei-me junto do velho Teodósio, para saber alguma coisa daquela aldeia, enquanto o Maroja receitava a negralhada.

– Antigamente, éramos uns quinhentos negros residentes aqui em Boa Vista, começou o capitão, com um certo orgulho. Mas, devido aos anos consecutivos de seca eles foram emigrando para os brejos. Na serra do Coité (Paraíba) há outra aldeia de negros. Outrora, isso aqui tinha vida e era divertido, seu doutô! O zambê rolava noite e dia ao som do pife, do tabuque e da puíta. A beberragem era franca. Tempo de festa, esse terreiro se enchia de gente e de luminária. A dança preferida era o *pulachi*, saracoteado lascivo dos quadris e das umbigadas. Havia também o xangô e os pajés que preparavam a surema (sortilégio) para a cura de mandinga e de espinhela caída. Hoje, nada mais disso existe, acrescentou, finalmente, o velho capitão, baixando a voz cheio de saudade. A seca veio e acabou com o nosso povoado e com os nossos divertimentos.

Deixamos o capitão Teodósio Fernandes da Cruz cercado de toda a negralhada da sua aldeia, recordando o tempo feliz do *pulachi*... Passamos o rio da Cobra e nos apeamos em casa de Chica de Rafael, que, impaciente, nos esperava para o almoço. Comemos carne-assada, coalhada com rapaduras e café com tapioca, servidos pelas gentis negrinhas de Boa Vista, a aldeia de negros do Rio Grande do Norte, que Luís da Câmara Cascudo não viu.

(Goiana – Pernambuco)

Otávio Pinto
"A República", Natal, 13.7.1934.

Bibliografia de Luís da Câmara Cascudo*

1. *Alma Patrícia.* Natal, 1921.
2. *Histórias que o tempo leva...* São Paulo, 1924.
3. *Joio.* Natal, 1924.
4. *López do Paraguai.* Natal, 1927.
5. *O Conde D'Eu.* São Paulo, 1933.
6. *Viajando o Sertão.* Natal, 1934.
7. *O mais antigo marco colonial do Brasil,* 1934.
8. *Intencionalidade no descobrimento do Brasil.* Natal, 1935.
9. *O homem americano e seus temas.* Natal, 1935.
10. *Em memória de Stradelli.* Manaus, 1936.
11. *Uma interpretação da Couvade.* São Paulo, 1936.
12. *Conversas sobre a hipoteca.* São Paulo, 1936.
13. *Os índios conheciam a propriedade privada.* São Paulo, 1936.
14. *O brasão holandês do Rio Grande do Norte,* 1936.
15. *Notas para a história do Atheneu.* Natal, 1937.
16. *O Marquês de Olinda e o seu tempo.* São Paulo, 1938.
17. *O Doutor Bara ta.* Bahia, 1938.
18. *Peixes no idioma tupi.* Rio de Janeiro, 1938.
19. *Vaqueiros e cantadores.* Porto Alegre, 1939.
20. *Governo do Rio Grande do Norte.* Natal, 1939.
21. *Informação de história e etnografia.* Recife, 1940.
22. *O nome "Potiguar".* Natal, 1940.
23. *O povo do Rio Grande do Norte.* Natal, 1940.
24. *As lendas de Estremoz.* Natal, 1940.
25. *Fanáticos da Serra de João do Vale.* Natal, 1941.
26. *O presidente parrudo.* Natal, 1941.
27. *Seis mitos gaúchos.* Porto Alegre, 1942.
28. *Sociedade brasileira de folclore,* 1942.
29. *Lições etnográficas das "Cartas Chilenas".* São Paulo, 1943.

30. *Antologia do folclore brasileiro*. São Paulo, 1944.
31. *Os melhores contos populares de Portugal*. Rio de Janeiro, 1944.
32. *Lendas brasileiras*. Rio de Janeiro, 1945.
33. *Contos tradicionais do Brasil*. Rio de Janeiro, 1946.
34. *História da Cidade do Natal*. Natal, 1947.
35. *Geografia dos mitos brasileiros*. Rio de Janeiro, 1947.
36. *Simultaneidade de ciclos temáticos afro-brasileiros*. Porto, 1948.
37. *Tricentenário de Guararapes*. Recife, 1949.
38. *Gorgoncion – Estudo sobre amuletos*. Madrid, 1949.
39. *Consultando São João*. Natal, 1949.
40. *Ermete Mell'Acaia e la consulta degli oracoli*. Nápoles, 1949.
41. *Os holandeses no Rio Grande do Norte*. Natal, 1949.
42. *Geografia do Brasil holandês*. Rio de Janeiro, 1949.
43. *O folclore nos autos camponeanos*. Natal, 1950.
44. *Custódias com campainhas*. Porto, 1951.
45. *Conversa sobre Direito Internacional Público*. Natal, 1951.
46. *Os velhos estremezes circenses*. Porto, 1951.
47. *Atirei um limão verde*. Porto, 1951.
48. *Meleagro – Pesquisa sobre a magia branca no Brasil*. Rio de Janeiro, 1951.
49. *Anubis e outros ensaios*. Rio de Janeiro, 1951.
50. *Com D. Quixote no folclore brasileiro*. Rio de Janeiro, 1952.
51. *A mais antiga Igreja do Seridó*. Natal, 1952.
52. *O fogo de 40*. Natal, 1952.
53. *O poldrinho sertanejo e os filhos do Visir do Egipto*. Natal, 1952.
54. *Tradición de un cuento brasileño*. Caracas, 1952.
55. *Literatura oral*. Rio de Janeiro, 1952. (2ª edição 1978 com o título *Literatura oral no Brasil*)
56. *História da Imperatriz Porcina*. Lisboa, 1952.
57. *Em Sergipe D'El Rey*. Aracaju, 1953.
58. *Cinco livros do povo*. Rio de Janeiro, 1953.
59. *A origem da vaquejada do Nordeste brasileiro*. Porto, 1953.
60. *Alguns jogos infantis no Brasil*. Porto, 1953.
61. *Casa dos surdos*. Madrid, 1953.
62. *Contos de encantamento,* 1954.

63. *Contos exemplares*, 1954.
64. *No tempo em que os bichos falavam*, 1954.
65. *Dicionário do folclore brasileiro*. Rio de Janeiro, 1954.
66. *História de um homem*. Natal, 1954.
67. *Antologia de Pedro Velho*. Natal, 1954.
68. *Comendo formigas*. Rio de Janeiro, 1954.
69. *Os velhos caminhos do Nordeste*. Natal, 1954.
70. *Cinco temas do heptameron na literatura oral*. Porto, 1954.
71. *Pereira da Costa, folclorista*. Recife, 1954.
72. *Lembrando segundo Wanderley*. Natal, 1955.
73. *Notas sobre a Paróquia de Nova Cruz*. Natal, 1955.
74. *Leges et consuetudines nos costumes nordestinos*. La Habana, 1955.
75. *Paróquias do Rio Grande do Norte*. Natal, 1955.
76. *História do Rio Grande do Norte*. Rio de Janeiro, 1955.
77. *Notas e documentos para a história de Mossoró*. Natal, 1955.
78. *História do Município de Sant'Ana do Matos*. Natal, 1955.
79. *Trinta estórias brasileiras*. Porto, 1955.
80. *Função dos arquivos*. Recife, 1956.
81. *Vida de Pedro Velho*. Natal, 1956.
82. *Comadre e compadre*. Porto, 1956.
83. *Tradições populares da pecuária nordestina*. Rio de Janeiro, 1956.
84. *Jangada*. Rio de Janeiro, 1957.
85. *Jangadeiros*. Rio de Janeiro, 1957.
86. *Superstições e costumes*. Rio de Janeiro, 1958.
87. *Universidade e civilização*. Natal, 1959.
88. *Canto de muro*. Rio de Janeiro, 1959.
89. *Rede de dormir*. Rio de Janeiro, 1959.
90. *A família do padre Miguelinho*. Natal, 1960.
91. *A noiva de Arraiolos*. Madrid, 1960.
92. *Temas do Mireio no folclore de Portugal e Brasil*. Lisboa, 1960.
93. *Conceito sociológico do vizinho*. Porto, 1960.
94. *Breve notícia do Palácio da Esperança*, 1961.
95. *Ateneu norte-rio-grandense*, 1961.
96. *Etnografia e Direito*. Natal, 1961.
97. *Vida breve de Auta de Sousa*. Recife, 1961.

98. *Grande fabulário de Portugal e Brasil.* Lisboa, 1961.
99. *Dante Alighieri e a tradição popular no Brasil.* Porto Alegre, 1963.
100. *Cozinha africana no Brasil.* Luanda, 1964.
101. *Motivos da literatura oral da França no Brasil.* Recife, 1964.
102. *Made in África.* Rio de Janeiro, 1965.
103. *Dois ensaios de história* (A intencionalidade do descobrimento do Brasil. O mais antigo marco de posse). Natal, 1965.
104. *Nosso amigo Castriciano.* Recife, 1965.
105. *História da República no Rio Grande do Norte,* 1965.
106. *Prelúdio e fuga.* Natal.
107. *Voz de Nessus* (Inicial de um Dicionário Brasileiro de Superstições). Paraíba, 1966.
108. *A vaquejada nordestina e sua origem.* Recife, 1966.
109. *Flor de romances trágicos.* Rio de Janeiro, 1966.
110. *Mouros, franceses e judeus* (Três presenças no Brasil). Rio de Janeiro, 1967.
111. *Jerônimo Rosado (1861-1930)*: Uma ação brasileira na província, 1967.
112. *Folclore no Brasil.* Natal, 1967.
113. *História da alimentação no Brasil* (Pesquisas e notas) – 2 vols. São Paulo, 1967 e 1968.
114. *Nomes da Terra* (História, Geografia e Toponímia do Rio Grande do Norte). Natal, 1968.
115. *O tempo e eu* (Confidências e proposições). Natal, 1968.
116. *Prelúdio da cachaça* (Etnografia, História e Sociologia da Aguardente do Brasil). Rio de Janeiro, 1968.
117. *Coisas que o povo diz.* Rio de Janeiro, 1968.
118. *Gente viva.* Recife, 1970.
119. *Locuções tradicionais no Brasil.* Recife, 1970.
120. *Sociologia do açúcar* (Pesquisa e dedução). Rio de Janeiro, 1971.
121. *Tradição, ciência do povo* (Pesquisa na Cultura popular do Brasil). São Paulo, 1971.
122. *Civilização e cultura.* Rio de Janeiro, 1972.
123. *Seleta* (Organização, estudos e notas do Professor Américo de Oliveira Costa). Rio de Janeiro, 1973.

124. *História dos nossos gestos* (Uma pesquisa mímica no Brasil). São Paulo, 1976.
125. *O príncipe Maximiliano no Brasil.* Rio de Janeiro, 1977.
126. *Mouros e judeus na tradição popular do Brasil.* Recife, 1978.
127. *Superstição no Brasil.* Belo Horizonte, 1985.

---

* Esta Bibliografia foi elaborada tendo por base a monumental obra da escritora Zila Mamede: *Luís da Câmara Cascudo:* 50 anos de vida intelectual – 1918-1968 – Bibliografia Anotada. Natal, 1970. A data é somente da 1ª edição (NE).

Obras de Luís da Câmara Cascudo
Publicadas pela Global Editora

Contos tradicionais do Brasil
Mouros, franceses e judeus – três presenças no Brasil
Made in Africa
Superstição no Brasil
Antologia do folclore brasileiro — v. 1
Antologia do folclore brasileiro — v. 2
Dicionário do folclore brasileiro
Lendas brasileiras
Geografia dos mitos brasileiros
Jangada – uma pesquisa etnográfica
Rede de dormir – uma pesquisa etnográfica
História da alimentação no Brasil
História dos nossos gestos
Locuções tradicionais no Brasil
Civilização e cultura
Vaqueiros e cantadores
Literatura oral no Brasil
Prelúdio da cachaça
Canto de muro
Antologia da alimentação no Brasil
Coisas que o povo diz
*Câmara Cascudo e Mário de Andrade – Cartas 1924-1944**
*Prelúdio e fuga do real**
*Religião no povo**

* Prelo

Obras Juvenis

Contos tradicionais do Brasil para jovens
Lendas brasileiras para jovens

Obras Infantis

Coleção Contos de Encantamento

A princesa de Bambuluá
Couro de piolho
Maria Gomes
O marido da Mãe-d'Água e *A princesa e o gigante*
O papagaio real

Coleção Contos Populares Divertidos

Facécias

Impresso na gráfica das Escolas Profissionais Salesianas
Rua Dom Bosco, 441 – Mooca – 03105-020 São Paulo - SP
Fone: (11) 3274-4900 Fax: (11) 3271-5637
www.editorasalesiana.com.br